ÍMP|O

LeYa

ÍMPIO

O EVANGELHO
DE UM ATEU

FÁBIO
MARTON

DEVEMOS RESPEITAR A RELIGIÃO DE UM SUJEITO,
MAS APENAS NO MESMO SENTIDO E ATÉ O LIMITE EM
QUE RESPEITAMOS SUA TEORIA DE QUE SUA MULHER
É BONITA E SEUS FILHOS SÃO ESPERTOS.
H. L. MENCKEN

INTRODUÇÃO

Sou um ateu.

No fundo, isso não faz muita diferença, porque todos são ateus: mesmo os religiosos são ateus. Ateus em relação a todos os deuses que não são os de sua fé. Pergunte ao bom cristão se acredita em Zeus, Osíris, Ganesh, Amaterasu, Tupã e na Grande Serpente Quetzalcoatl. Entre mim e o cristão, há apenas um deus a mais do qual duvido.

A palavra "ateu" vem do grego e significa "aquele que nega Deus". Mas "negar Deus" é algo que eu não faço. Eu não nego, apenas definitivamente não acredito. Porque ninguém pode **negar**, isto é, provar que Deus não existe. E ao mesmo bom cristão já mencionado, peço que prove que Zeus não existe.

Quem deve provar que alguma coisa existe é quem acredita nela. Caso contrário, podemos dizer que qualquer coisa existe: sacis-pererês, dragões, lobisomens e loiras do banheiro. Ninguém pede a quem diz que não acredita em unicórnios para provar que eles não existem. No entanto, tente você provar que não existem. Terá de vasculhar cada canto da Terra atrás de um unicórnio, que não encontrará. Então direi a você: "o unicórnio pulou para o lado em que você já tinha olhado enquanto procurava no outro".

Não é nada além disso que fazem os crentes ao tentar justificar suas crenças. Jogam Deus para onde você "não está olhando". Por exemplo, se a ciência hoje explica o universo desde o Big Bang, os crentes colocam Deus como aquele que já existia antes dele. Se a ciência explicar o que havia antes, então darão outra explicação: dirão que Deus está "em outro lugar".

Dito isso, acredito que a influência do cristianismo é fundamental para entendermos o mundo ocidental. E destaco que não são apenas coisas ruins que surgem dessa influência; afinal, não podemos esquecer que o cristianismo tornou senhores e escravos, homens e mulheres iguais em espírito – o que foi meio caminho andado para o Iluminismo, que formou o mundo moderno. John Locke e Immanuel Kant, dois dos maiores filósofos das luzes, eram cristãos. E tenho certeza de que, sendo um ateu ex-cristão, sou muito diferente de um ex-budista ou um ex-muçulmano, pois muito de meu caráter foi fundado sob uma educação cristã.

No entanto, não acredito, como os conservadores cristãos, que seja fundamental ir à igreja para manter as coisas boas que derivaram do cristianismo. E, mesmo se acreditasse, isso é um argumento a favor da necessidade social da fé – não da existência de Deus.

Este livro é uma autobiografia que conta como um garoto criado como pentecostal, que pregava no púlpito aos dez anos de idade, abandonou a fé aos dezessete anos. A maioria dos nomes de pessoas e instituições está trocada, para preservar os envolvidos. Tudo aqui eu conto de memória, uma vez que, por motivos óbvios, não pude dispor de muita colaboração de minha família para escrever um livro como este. Dessa forma, e também com alguma licença poética, nem sempre uma frase dita por um personagem foi realmente dita por ele naquela situação ou época referida. Posso assegurar, contudo, que o que está escrito aqui foi dito por mim ou a mim – algum dia – por alguém de minha antiga igreja ou da família.

Nunca ocultei de ninguém meu passado como evangélico radical, inclusive isso de pregador infantil. Muitos me recomendam não dizer coisas desse tipo. É como se, admitindo ter sido evangélico e fervoroso, perdesse 40 pontos de QI na imaginação da pessoa com quem estou falando. Isso é mau. Existem muitos estereótipos a respeito das igrejas evangélicas, e o mais lamentável é de que apenas pessoas intelectualmente danificadas estão dentro delas.

O fato é que ideias ruins podem povoar qualquer cérebro. Basta ver quantas mentes brilhantes são desperdiçadas ainda hoje em ideologias provadas erradas pela história, em pseudociências ou seitas malucas que não são nada melhores do que as igrejas mais radicais e mais descaradas.

Por um lado, este livro irá mostrar absurdos: intolerância, fanatismo, hipocrisia, charlatanismo e – sim – o mercantilismo nas igrejas. Por outro, é uma história que humaniza os evangélicos, mostrando-os em suas dúvidas, contradições e nas suas falhas demasiadamente humanas. É uma história em primeira pessoa, de um moleque que passaria facilmente por um *nerd* qualquer maluco por *video games*, computadores e ciência, tirando o detalhe de ser um "pastor *nerd*".

O que pretendo aqui não é denegrir, mas fazer um imenso bem aos evangélicos. Primeiro, provando aos não evangélicos que os evangélicos não são zumbis que dizem "Jesus" em vez de "cérebro". Depois, ajudando, quem sabe, alguns deles eventualmente a abandonar ideias ruins e a usar o cérebro com que a natureza os dotou com um propósito mais construtivo. Não é preciso ser ateu para isso – bastar ter discernimento.

PRÓLOGO:

ESSE MENINO TEM FÉ

E ouviu Deus a voz do menino, e bradou o anjo de Deus a Agar desde os céus, e disse-lhe: Que tens, Agar? Não temas, porque Deus ouviu a voz do menino desde o lugar onde está.
(Gênesis, 21:17)

– MINHAS CRIANÇAS, MEUS ERÊS, ibejis e *wungis*, mana me.

Diante de mim, uma acólita das forças da escuridão. E para dentro, em silêncio, eu dizia assim: "Jesus, Jesus grande e forte! Jesus, me proteja".

Era uma mãe de santo gorda, negra e a mais clássica possível, em seus trajes brancos rendados, usando turbante. Foi minha mãe que me levou até ali, um centro de umbanda cinzento, escuro e empoeirado, repleto de objetos toscos e ensebados de barro, palha, contas e madeira, figuras de gesso e laca. Havia uma imagem de Iemanjá, uma de São Jorge, uma de São Cosme e Damião e muitas outras que eu não conhecia, nem conheço hoje. O centro era numa casa numa favela de Osasco, perto do riacho contaminado do Cipava. As paredes externas eram de reboco, sem tinta. Lembrava um pouco as choças de uns parentes meus que moravam num sítio à beira da represa.

Minha mãe me empurrava para ser benzido pela mãe de santo. Era uma tentativa de livrar-me das doenças respiratórias que me atingiam todos os invernos, sem falta: faringite, rinite e bronquite. Pouco antes, eu fui parar no Hospital Emílio Ribas com suspeita de difteria. Tinha oito anos e me contaram que difteria fazia a gente ficar com um buraco atravessando o pescoço e um colar de plástico para o resto da vida.

Meu pai havia tentado antes um médico que esteve na Segunda Guerra Mundial e que, segundo dizia, diagnosticava qualquer doença pela íris. Depois de esse médico ter me dado uma série de injeções vermelhas da Segunda Guerra Mundial, minha mãe usou de lógica similar e decidiu pelo tratamento afro-brasileiro.

Apesar do sincretismo de meus pais, eu havia sido adestrado por meu avô a reconhecer o demônio onde quer que ele estivesse. E ele estaria, antes de mais nada, onde houvesse tambores. Assim, não tive dúvida e pedi naquele instante a Jesus por um campo de força antimacumba. Um campo de força de filme, como aquele que surgia quando Erick, de *A caverna do dragão*, empunhava seu escudo. "Jesus, crie um campo de força para que nenhum mal me atinja."

Assim protegido, vi-me em combate com a mãe de santo, criança e adulto, Davi e Golias. Na minha imaginação, um campo de "energia de fé" forçava contra o outro, até que uma hora alguém acabaria por engolfar o adversário com seu poder.

Como em *Street Fighter*, eu, Ryu do Senhor, lancei um especial de Cristo – *hadouken*! –, e a mãe de santo, uma bola macumbeira de Satã – *tiger*! Ficamos disputando em explosões de luz, suando gotinhas japonesas de exaustão, até que ela, vencida, foi atirada para trás, nocauteada por minha grande força mental cristã.

Ela, então, disse à minha mãe:

– Esse menino tem fé.

You win! Perfect![1]

--

Naquele dia Jesus venceu. E também as doenças respiratórias. Pouco tempo depois, pela medicina ocidental pós-Segunda Guerra, fomos descobrir com que tipo de maus espíritos estávamos lidando. Um médico desenhou em meu braço um tabuleiro de xadrez com uma caneta. Com a ponta de uma agulha de injeção, fez um buraquinho no centro de cada casa e, sobre cada um desses buraquinhos, pingou uma gota de alguma

1 Aos puristas de *video game*: a cena se passa em 1986, mas *Street Fighter II* só foi lançado em 1991. Além disso, está mais para *Dragon Ball*, eu sei. Licença poética.

coisa que causa alergia, como camarão, amendoim, poeira. Alguns pontos ficaram vermelhos; outros, não. Os que ficaram vermelhos coçavam, e o médico prendia minha mão para eu não tocá-los. Quando a tortura terminou, disseram-nos que a causa dos meus problemas respiratórios era alergia a ácaros. Camarões, amendoins e picadas de abelha estavam liberados para mim.

--

Até meus oito anos, fui criado num ambiente relativamente indiferente à religião. Não a indiferença dos ateus, mas a dos afastados, dos não praticantes. Meus pais acreditavam em Deus, em Jesus, na Bíblia. Isto eles me ensinaram: que havia Céu e Inferno, que Deus estava sempre nos olhando, que, para não ir para o Inferno, a gente deveria pedir desculpas a Deus quando zoasse o irmão menor ou puxasse o rabo do cachorro. Então, toda noite eu me ajoelhava e visualizava um grande globo terrestre e pedia algo assim:

– Deus, abençoe as pessoas em todo o planeta Terra e em outros planetas também. Abençoe os soviéticos, os africanos, os americanos. Não deixe que explodam as bombas atômicas. Segure a nuvem radiativa de Chernobyl e não deixe que a usina de Angra pegue fogo. Dê um abraço nos astronautas do Challenger. Desculpe-me por ter chamado meu irmão de retardado. Amém.

Era 1986, e o ônibus espacial Challenger tinha explodido, formando no céu uma bolha horrenda, com dois chifres. A cabine não se desintegrou e seus astronautas caíram vivos e conscientes, por dois minutos e meio, até encontrarem o mar a trezentos quilômetros por hora. A usina nuclear de Chernobyl tinha se incendiado, desabado e lançado uma nuvem radiativa por toda a Europa Oriental. Eu estava na segunda série, era gorducho, gostava de Ciências e *Transformers* – ou melhor, do genérico nacional, que se chamava *Mutantes*. Minhas notas eram próximas de A, exceto uma vez em que resolvi não entregar a lição de casa para ver o que acontecia. Tirei C, apanhei de cinta e voltei a tirar A. Eu passava aspirador no carpete para a minha mãe, e em troca ela me dava um brinquedo Mutante por mês. Primeiro foi um jipe verde, depois um avião vermelho, a seguir um fusca azul, mas isso antes de ela saber da alergia. Depois, meu pai trocou o carpete por piso frio, para evitar ácaros, e a barganha terminou.

Voltemos alguns anos para explicar como eu não fui criado como crente até os oito anos, apesar de meu pai ser filho de um pastor.

O nome de meu pai é Davi, e ele é um dos dez filhos do pastor Rubens, da Assembleia de Deus. No fim dos anos de 1960 e começo da década de 1970, a família de meu pai morava em Porecatu, Paraná, cidadezinha que na época tinha mais habitantes do que hoje: 22 mil *versus* 14 mil.

Porecatu é quente em excesso e tomada de poeira vermelha, como todo o norte do Paraná. Fica num vale muito inclinado, com a igreja católica num ponto alto, mas não o mais alto. A Assembleia de Deus ficava acanhada numa das ladeiras que escorrem a partir da colina da igreja católica. O prédio da Assembleia tinha aquela arquitetura estranha e pesada, imitando toscamente igrejas católicas medievais. Consistia em uma nave alta com o teto em duas águas, a fachada formando um paredão pontudo. Nas laterais, falsos vitrais sem cor, de três metros de altura e pontas em ogiva. Pintada em um tom desbotado, a igreja tinha um aspecto familiarmente pobre e triste.

Em 1968, meu pai tinha dezessete anos, trabalhava como balconista e, aos sábados, ficava de bobeira – como qualquer rapaz – no coreto da praça central. Embora a praça fosse católica, era ali que acontecia tudo.

Meu pai tocava trompete na banda da igreja de meu avô, e todos os seus amigos eram crentes e da banda. Eram adolescentes que não conheciam mulher nem bebida, cujos maiores pecados eram tomar sorvete e notar a presença das moças.

Num domingo de manhã, Davi ensaiava seu trompete no banco da igreja, quando o pastor – meu avô – sentou ao seu lado. Tinha a expressão carregada, como se suas rugas e a pele solta estivessem sendo puxadas por pesos. Essa era sua expressão corriqueira.

– Davi, dê-me o pistão. Eu vou guardar. Você não pode tocar na igreja por três meses.

– Mas o que eu fiz? Eu trabalho, não bebo, não fumo, não vou a bailes. Nem namorada eu tenho!

– Viram você fazendo graça com uma moça na praça. Fica excluído por três meses.

– Pai, três meses por dizer "oi" para a Maria Alice?

– Você é o filho do pastor, tem que ser um exemplo para a igreja. Por isso, seu castigo é em dobro.

– Então, pai, está bem... Exemplo eu vou ser

A rebeldia do filho do pastor se resumiu em largar a igreja, começar a frequentar os bailes e arranjar três namoradas ao mesmo tempo – em se tratando de Porecatu, a trapaça foi descoberta em duas semanas, sua fama de mulherengo correu a cidade toda, e ele acabou sem namorada por mais de um ano.

Davi não se interessou por cigarro nem bebida. Na virada de 1970 para 1971, estava num baile com seu terno xadrez e suas costeletas grossas, modas que, meio atrasadas, haviam chegado primeiro ao Brasil e bem depois a Porecatu, junto com os *covers* de Beatles que tocavam no palco. Nesse ano-novo, ele se interessou por uma moça alta cuja primeira pergunta que fez a ele foi:

– Você não é funcionário da barragem, é?

A "barragem" era a Usina Hidrelétrica de Capivara, construída entre 1970 e 1978, e que ainda hoje é importante, mas não emprega muita gente, como em sua construção. Não é que os trabalhadores da barragem fossem considerados abaixo do *status* pelas moças de Porecatu; pelo contrário, até faziam sucesso. Casavam-se com as locais e, mais tarde, ia-se saber, já tinham famílias em outras cidades.

Aquele que seria meu pai não era funcionário da barragem. Já a moça tinha três atributos: era católica, trabalhadora e fumante. Inês Marton tinha dezoito anos e trabalhava como balconista no supermercado que atuava como companhia de distribuição da obra da hidrelétrica.

Casaram-se dois anos depois na Igreja Presbiteriana, escolhida por ser campo neutro entre as duas famílias, uma igreja nem de uns, nem de outros (apesar de afastado, meu pai ainda era nominalmente assembleiano). Mudaram-se de cidade e estado, para Osasco, Grande São Paulo, em 1975, a convite da família dela. Lá, ele começou a trabalhar como balconista de uma concessionária Volkswagen. Inês, a exemplo de muitas mulheres da sua geração, abandonou seus planos profissionais para se tornar dona de casa e, também como várias mulheres da sua geração, nunca conviveu bem com essa situação.

—

Em 1986, meu pai havia progredido do balcão para representante comercial com veículo próprio, percorrendo São Paulo e o entorno, fornecendo peças de carro a oficinas. Por ser filho do pastor, chamavam-no de "Reverendo". Ficou grisalho cedo, e sua tez olivada tornou-se ainda mais escura por tomar sol na direção horas e horas todos os dias. Minha mãe era esguia, clara, de olhos verdes e cabelos escuros, e gostava de seguir as modas espalhafatosas dos anos de 1980: penteado permanente, calças de odalisca, blusas em tons pastel. E aquele relógio ameaçador, um olho que girava no pulso, amarrado com um lenço de seda.

Nasci em 15 de janeiro do ano da disco music e da ditadura militar de 1978. Fui um filho planejado. Após o casamento, minha mãe havia tomado pílulas por um ano. As pílulas dos anos de 1970 eram tão fortes que só fui ter chance de existir três anos depois de ela ter parado. Meu irmão veio um ano e 364 dias mais tarde, e foi um acidente. Meu pai sugeriu um aborto e minha mãe quase pediu o divórcio. Arrependido, ele passou a mimar o segundo filho.

Meu irmão chama-se Fagner Roberto, e, pelo gosto musical de minha mãe, você pode adivinhar quem é o Fábio homenageado em meu nome.[2] Por piedade do destino, ele tornou-se mais conhecido por Beto.

Éramos uma família da classe média caipira de Osasco, cidade imensamente cafona da Grande São Paulo, constituída por gente do tipo que escolhe nome para os filhos inspirada em ícones da MPB romântica. No verão, passávamos férias em Guaraú, a praia mais pobre do litoral sul de São Paulo, colonizada por exploradores da Mata Atlântica e tias de maiô, que desciam de Brasílias azuis e abriam sem cerimônia seus *tupperwares* de frango com farofa sobre a areia. Essas eram minhas tias. Eu nasci num programa do SBT. (Aliás, minhas tias organizavam caravanas para o programa Sílvio Santos.)

Sempre me senti um bicho alfa em casa. Maior, mais esperto, mais independente do que o irmão. Aprendi a ler aos cinco anos, com um tio. Talvez fosse um erro de minha mãe, mas, aos sete anos, já ia sozinho para a escola, que ficava a uns cinco quarteirões de casa. Queria ser piloto de avião, mas mudei de ideia nessa idade e decidi me tornar cientista.

Eu vivia doente, enquanto meu irmão tinha a saúde, a vitalidade e o discernimento de um bezerro. Ser doente me dava uma sensação de superiorida-

2 Para o leitor pouco afeito a charadas: Fábio Júnior.

de. Ter um corpo que não funcionava direito era sintoma de ser mais cerebral e, portanto, mais espiritual.

Confesso que guardo com carinho a recordação dos dias em que passei em prontos-socorros, hospitais e curandeiros, com minha mãe e, às vezes, meu pai. Quem sabe eu quisesse atenção...

—

Tinha também um cachorro. Nuno era o seu nome. Um pequinês já ficando velhusco, que estava sempre com a ponta da língua para fora da boca, pendendo para o lado esquerdo, e que, como qualquer pequinês, latia muito, além de se invocar vez por outra e morder o calcanhar das visitas. Quando meu pai chegava em casa, o cachorro pulava para dentro do carro e se sentava empertigado no banco do passageiro, na pose de leão chinês de porcelana. Era preto com o peito branco, por isso diziam que parecia um padre. Quando Nuno recusou uma fêmea no cio, tornou-se oficialmente um cão-padre.

Padres eram figuras estranhas em minha vida, das quais eu só ouvia falar pelas outras crianças. No entanto, há outro padre que precisa ser citado aqui. Trata-se do meu bisavô, Luigi Marton, que nasceu numa vila perto de Veneza. Foi empurrado para a vida religiosa pela família, de proprietários rurais decadentes. Já padre, envolveu-se com uma freira chamada Ana, e, como tudo estava perdido mesmo, eles fugiram num vapor para o Brasil, em 1905. Aqui, foram morar no interior de São Paulo, na cidadezinha de Indiana. Não tiveram muito sucesso.

Nos anos de 1940, um de seus filhos, Eugênio, teve de casar fugido como o pai. Por ser pobre, a relação não foi aprovada pelo pai da noiva, Joana Corredatto. Marcaram de se encontrar num canavial, às três horas da manhã. Joana ficou atirando fósforos ao alto para que Eugênio a encontrasse. Encontrou. Casaram-se e foram escondidos pelo padre da cidade, até pegarem um ônibus para São Paulo.

O primeiro filho de Eugênio e Joana chamava-se Antônio e, mais tarde, teria uma barbearia em Osasco. Quando nasci, esse tio insistiu em me batizar na Igreja Católica e, apesar de isso não ter acontecido, a vida toda chamou a si mesmo de meu padrinho. Meu pai o detestava, achava-o invejoso e desonesto. Como ele era simplesmente conhecido como Marton, não apenas não fui batizado como não ganhei o sobrenome de minha mãe: o Fábio Marton que está na capa do livro é meu nome como jornalista, justiça poética à família de minha mãe. Mas não está no meu RG.

Quando eu tinha minhas doenças, a questão de meu batismo católico voltava a ser discutida pela família de minha mãe, que tinha medo de eu morrer como um "pagãozinho".

—

Já sabia, e acho que isso foi meu pai que ensinou, que orar não é rezar.

Para membros de igrejas evangélicas pentecostais, como a Assembleia de Deus, há uma diferença importante entre os termos "orar" e "rezar".

Rezar diz respeito às preces decoradas, à moda católica: pais-nossos, salve-rainhas, ave-marias. A única reza reconhecida pelos pentecostais é o "pai-nosso", pois aparece na Bíblia (Mateus, 6:9 e Lucas, 11:2). Já **orar** significa improvisar, falar diretamente a Deus o que se passa em nossa mente, pedindo perdão, agradecendo ou pedindo ajuda. **Orar** é algo que pode ser feito a qualquer instante e silenciosamente, apenas com pensamentos. Não posso falar em nome de todos os evangélicos, mas eu orava quando as pessoas menos imaginavam: no ônibus, antes de comer um cachorro-quente, na prova da escola. Dez segundos após dizer um palavrão, para evitar de ir para o Inferno.

Os **pentecostais** levam esse nome por um fenômeno que ocorre em seus cultos e orações. Na Bíblia, é narrado um episódio que aconteceu no feriado judaico de *shavuot*, que comemora a ocasião em que Moisés recebeu os Dez Mandamentos no Monte Sinai. Em grego, o *shavuot* era denominado Pentecostes, e o Novo Testamento foi escrito não na língua de Jesus – aramaico –, nem na língua do Velho Testamento e da Israel contemporânea – o hebraico –, mas em grego, que era como o inglês do século I d.C.

Diz a Bíblia (Atos, 2:1) que, em certo Pentecostes, os discípulos de Jesus estavam numa casa de Jerusalém quando foram atingidos por línguas de fogo que se materializaram no ar, e eles passaram, então, a falar "línguas estranhas". Reconhecendo suas línguas nativas, judeus nascidos em diversas partes do mundo foram lá ver o que estava acontecendo. Mais ou menos como se, na Tel Aviv de hoje, israelenses que só falam hebraico começassem a falar inglês e português com o sotaque das vizinhanças judaicas do Brooklyn, em Nova York, e de Higienópolis, em São Paulo.

Mas mesmo no século I, ao que parece, algum ancestral de Richard Dawkins já andava por Israel. Houve quem não tenha se impressionado com o milagre das línguas e comentado se não seria aquilo um milagre do vinho (Atos, 2:13). Ao que São Pedro, que fazia parte do grupo, respondeu com uma desculpa que a esposa dele provavelmente não aceitaria: "Estes homens não estão bêbados, como vocês imaginam, pois são apenas nove da manhã!" (Atos, 2:15).

Pentecostais são os protestantes que falam línguas estranhas quando oram e cantam. Ao contrário do que aconteceu no Pentecostes bíblico, as línguas que eles falam não são idiomas comuns como alemão, russo, mandarim, élfico ou klingon. O que se ouve de suas bocas nas orações é a língua dos anjos, que não é compreensível a nenhuma pessoa. O nome mais educado dado a esse fenômeno é glossolalia, e interpretar essa *língua dos anjos* é considerado um dos dons proféticos das pessoas "batizadas no Espírito Santo", aquelas que passaram alguma vez na vida por uma experiência do tipo de Pentecostes, ou seja, no mínimo falaram línguas estranhas.

Ser pentecostal é falar línguas estranhas e não tem nada que ver com a "teologia da prosperidade", nem a forma de pedir dinheiro, ainda que essa teologia e vários outros recursos criados por ela, como carnês de pagamento, feitiços e objetos encantados, tenham se infiltrado nas demais igrejas pentecostais – e isso será um tema central do que vem daqui por diante.

Além de falar línguas estranhas, pentecostais em geral acreditam que milagres são muito mais comuns do que católicos e protestantes tradicionais costumam imaginar, assim como as possessões demoníacas e o seu correspondente, o exorcismo. Deus e o Diabo lutam dia e noite pela mente das pessoas, possuindo seus pobres corpos e cérebros. Aliás, mesmo um bom cristão está sujeito a pegar um diabinho vez por outra. Eu peguei.

Não faço, aqui, qualquer distinção entre pentecostal e neopentecostal. Essa divisão – separar os pentecostais entre as igrejas fundadas a partir dos anos de 1960 e as anteriores – foi idealizada, me parece, sem se consultar o "objeto de estudo".

Todas as igrejas pentecostais têm no máximo pouco mais de um século de fundação. A Congregação Cristã e a Assembleia de Deus chegaram ao Brasil entre 1910 e 1911, fundadas no exterior menos de uma década antes. Foram formadas da ruptura com igrejas protestantes tradicionais: a Congregação, da Presbiteriana; a Assembleia, da Metodista.

Assim, em matéria de tradição, todas as igrejas pentecostais estão em nível equivalente, isto é, não têm tradição. Se algumas dessas igrejas foram fundadas algumas décadas antes, outras depois, por minha experiência isso parece ser de importância secundária para a maioria dos crentes.

Tomemos como exemplo a questão dos **costumes**, o quanto as igrejas exigem em relação ao modo de se vestir e se comportar de seus fiéis. Uma das maiores características que dizem separar as neopentecostais das pentecostais tradicionais é que as neos seriam menos conservadoras. Fundada em 1962, a Igreja "neopentecostal" Deus é Amor é, em matéria de costumes, mais conservadora do que a Assembleia de Deus – por exemplo, a Igreja Deus é Amor proíbe calças compridas para mulheres, o que as Assembleias não fazem mais hoje em dia. Já a Igreja do Evangelho Quadrangular, denominação das mais liberais, que ordena pastoras, foi fundada em 1927, chegando ao Brasil em 1951 – portanto, não é neo.

Ao menos em minha experiência, nunca vi um pentecostal usar o neo para se referir a uma igreja. Eles divergem sobre certos temas, mas em geral reconhecem reciprocamente a legitimidade de suas diferentes igrejas. Um fiel batizado na Quadrangular não será batizado novamente na Assembleia de Deus, diferentemente de um católico, cujo batismo é considerado inválido. A depender da liberalidade do pastor, esse fiel também pode tomar sua eucaristia sem precisar se converter, como convidado pentecostal. Na ausência de uma igreja de sua denominação – por exemplo, em caso de mudança –, esse fiel pode frequentar outra Igreja Pentecostal sem que por isso se considere que ele esteja afastado. Os pentecostais também reconhecem protestantes tradicionais como companheiros de fé, mas em grau menor. O termo que eles usam atualmente para esses crentes considerados válidos é "cristãos" – termo que, necessariamente, exclui católicos.

Apesar dessa convivência relativamente amigável, há uma exceção, que talvez tenha inspirado os acadêmicos a enxergar uma divisão rígida entre ***neos*** e **pentecostais**: trata-se da Congregação Cristã. É uma igreja bastante fechada em seus ritos e costumes, que não aceita a legitimidade de outros pentecostais. A intolerância e o conservadorismo dos crentes da Congregação são às vezes tema de piada para outros pentecostais.

Note-se que não fiz um estudo sociológico sobre isso. Falo apenas de minha experiência pessoal. Deve ainda haver muitos crentes da Assembleia que acreditam que todos os outros crentes têm passagem comprada para o

Inferno. Alguns aparecerão nesta história. No entanto, esse não era o caso de meu avô e, ao menos de minha experiência, não me pareceu ser o da maioria.

--

Aos oito anos, eu tinha igreja, mas não tinha templo. Havia escolhido um lado, já sabia bem como e por que minhas duas famílias eram diferentes. Como elas matam as galinhas.

A mãe da minha mãe, Joana, que era uma italiana grande, forte e gorda, tinha cabelos curtos brancos e andava com vestidos soltos floridos. Matava as galinhas com seus brações, destroncando o pescoço. Um dia, um frango morto pela vó Joana saiu correndo pelo quintal com a cabeça pendurada para o lado – um frango-zumbi. As vizinhas da vó Joana traziam uma imagem para sua casa e rezavam preces repetidas com seus rosários à mão. Meu pai dizia que a santa era apenas uma boneca, e aquilo era um tédio de doer, e eu concordava.

A mãe do meu pai, esposa do pastor, Leonora, era mineira e extremamente parecida com a palavra *vovó*. Tinha um metro e quarenta e oito, óculos fundo de garrafa, cabelos brancos, nunca cortados e presos num coque, andava de vestidos bege, um pouco curvada, a passos miúdos. Era uma vó que fazia arroz-doce.

Nas férias de 1986 para 1987, num dia de muita chuva, debaixo da marquise da igreja de meu avô, a avó Leonora trazia um frango embaixo do braço. Ela prendeu as asas entre os pés e esticou o pescoço do bicho, puxando pela cabeça. O frango se abriu como um guarda-chuva velho. Ouvi o "tchof!". Um talho na diagonal, e o bicho lá embaixo tremeu-se inteiro com o choque. Um segundo talho, e a cabeça se separou do corpo. A vozinha dispensou a cabeça assustada do frango e ajeitou o corpo de invertido numa bacia, para escorrer o sangue.

A Assembleia de Deus e algumas outras igrejas protestantes seguem um mandamento judaico, que, diferentemente dos outros, foi reforçado no Novo Testamento (Atos, 15:19-20); por isso ainda é considerado válido. A lei se refere a não comer nada com sangue, nem animais estrangulados, que mantêm seu sangue ainda dentro do corpo (Gênesis, 9:4; Levítico, 7:26, 17:10; Deuteronômio, 12:16, 15:23). Assim, além do hábito de matar animais por decapitação ou sangramento, esses pentecostais também se recusam a comer chouriço, morcela e outros produtos feitos de sangue. Por divergência teológica, a lei não é reconhecida pela Igreja Católica e outras denominações cristãs.

Apesar do jeito temerário de minha avó Leonora lidar com os frangos, eu tinha mais afeição por ela e o pastor que pelo outro lado da família. E havia me aproximado especialmente de meu avô nessas férias. Diziam que ele era chato, mas parecia inteligente, era um tipo de velho sábio, o homem que conhecia os mistérios e mecanismos daquele Deus que barrava os mísseis nucleares, criava campos de força antimacumba, soprava para longe a nuvem de Chernobyl e recebia as almas dos astronautas.

--

Eu havia assistido a muitos cultos da igreja de meu avô. Ele era um homem de estatura mediana, com uma calva incompleta e os fios restantes puxados para trás. Usava enormes óculos degradês e vestia ternos marrons ou cinza. Era um pastor atípico para uma Igreja Pentecostal. Transmitia autoridade de forma calma e professoral, não pela fúria, nem pela testa suada. Na verdade, nunca o vi gritar nem fazer exorcismo. Haviam me dito que ele já havia realizado alguns, mas não gostava.

Apesar de a igreja ser espartana – um tapete vermelho velho no meio, bancos de madeira e paredes lisas –, atrás do púlpito sempre havia uma pintura, às vezes só um céu de nuvens de carneiro, com sorte, toda uma cena bíblica. O culto – esse é o nome da cerimônia pentecostal, não missa – começava com o cumprimento universal da Assembleia de Deus:

– Saúdo a igreja com a Paz do Senhor!

"Paz do Senhor!" era a resposta esperada em uníssono da igreja.

A seguir meu avô apontava quem fora convidado para pregar naquela noite:

– Hoje, contamos aqui com o pastor Breno, de Juiz de Fora. Uma salva de palmas para o Senhor!

Importante notar que "Senhor" aí é Deus. As palmas nunca poderiam ser para o convidado, o que seria uma vaidade intolerável. Meu avô sempre fazia questão de lembrar também, com um sorriso tímido:

– Temos também aqui meu filho, Davi, sua mulher, Inês, e meus netos, Fábio e Fagner.

E éramos aplaudidos para o Senhor.

Se hoje, a depender do pastor local, a Assembleia de Deus pode ser apenas uma versão ligeiramente mais conservadora das ditas "comunidades", nos anos de 1980 ainda era uma igreja "de crentes", ou seja, de homens de ternos malcortados e de mulheres sem maquiagem, com saias *jeans*, camisa até os punhos, cabelos sem corte pelo meio das costas ou presos em coque, o buço sem vergonha de ser bigode. Ninguém ia ao cinema nem à praia. Televisão em casa era uma inovação que começava a se tornar aceitável. Havia pastores que reclamavam de cauda dupla na traseira do paletó, implemento que arriscava mostrar o traseiro do cristão. Nós destoávamos da igreja.

– Convoco todos a ficar de pé. Vamos orar e iniciar o culto.

Segue-se a oração, e essa é a parte em que as pessoas falam línguas estranhas.

Então, meu avô pedia que se abrisse a Harpa Cristã e escolhia uma música. Na Assembleia presidida pelo pastor Rubens, tocavam-se sempre músicas solenes e tristes, que falavam de sangue, morte e paraíso. Uma dessas músicas ficou famosa fora do Brasil. Quando morou em São Paulo, o cantor *dark* australiano Nick Cave gravou em seu álbum de 1990, *The Good Son*, o hino "Foi na cruz":

Oh, quão cego eu andei e perdido vaguei
Longe, longe do meu Salvador
Mas da glória desceu e Seu sangue verteu
Pra salvar um tão pobre pecador

Foi na cruz, foi na cruz onde um dia eu vi
Meus pecados castigados em Jesus
Foi ali, pela fé, que meus olhos abri
E agora me alegro em Sua luz

Após as primeiras canções, as pessoas ficavam em pé para orar, depois voltavam a se sentar e seguia-se o testemunho do convidado ou, na falta, de alguém da igreja mesmo. Eram histórias edificantes, milagres ou longas pregações improvisadas, muitas vezes a partir de um único versículo. Em seguida, mais hinos tristes, mais oração em pé e o sermão principal do pastor titular, meu avô.

O pastor Rubens tinha se instruído sozinho, mas lia muito. Era de um perfil moralizador, teológico, não um animador de torcida. Não falava no

Demônio, mas em como as pessoas deviam se desapegar de coisas materiais e esperar um mundo melhor no Paraíso, longe deste vale de tristezas.

– Não espere ganhar recompensas do mundo. Não espere nada deste mundo, hoje você está aqui, mas o que você sabe de amanhã? Você é avarento, segura dinheiro, e um dia, vai saindo de casa, tem um ataque. Quem vai usufruir os frutos de sua ganância? O dinheiro é um ídolo, e quem o adora é idólatra. Idólatras, nos diz a Palavra, não entrarão no Reino de Deus. Amém?

– Amém!

– Aqui comigo está o vinho e o pão para nossa Santa Ceia. Convoco a igreja a orar comigo para consagrar a carne e o sangue de Cristo.

Achava particularmente interessante quando serviam a eucaristia, o que acontece somente uma vez por mês. É chamada apenas de "ceia" entre os pentecostais. O vinho é suco de uva, em tacinhas minúsculas, e o pão é da padaria mesmo, partido em vários pedaços. Não deixavam eu tocar em nada daquilo, nem antes nem depois de consagrado. Mas eu ficava pensando no que sentiam aquelas pessoas tomando tal poção mágica. Meu pai e minha mãe – ele, afastado, ela, católica – não tomavam.

– Vamos agora recolher as ofertas.

Uma música de órgão, sempre a mesma, anunciava a hora de se desapegar do dinheiro. Os diáconos, que são mais ou menos o correspondente evangélico de sacristãos, passavam sacolinhas de feltro vermelho, com um cabo de madeira longo. A música continuava durante o clímax do culto, a hora do apelo:

– Agora nosso culto está terminando. Quem precisar de oração venha aqui à frente. E também quem apareceu por curiosidade, ou foi convidado, ou talvez tenha sido tocado em seu coração e sentiu que precisava vir. Também os afastados, Jesus chama vocês novamente. Venham aqui à frente. Aceitem Jesus em seu coração.

Era nessa hora que podia acontecer o exorcismo de um dos crentes com problemas ou caso algum dos recém-convertidos trouxesse da rua um demônio avulso que precisasse ser removido antes de começar sua nova vida. Neste dia, e em todos, meu pai e minha mãe não foram à frente. Quanto aos demônios, como falei, meu avô não era muito dado a exorcismos, e parece que os demônios respeitavam sua inclinação.

—

Meu avô não tinha TV – assim sendo, férias na casa dele precisavam ser preenchidas com outras distrações. Quando eu estava com sete para oito anos, ele morava em Palmeira, no Paraná, na casa conjugada ao lado da Assembleia de Deus da cidade. Para aguentar passar dez dias lá, além de assistir à morte dos frangos e ler os livrinhos ilustrados da Escola Dominical da Assembleia de Deus, ouvia um *audiobook*.

O *audiobook* em LP contava, dentro da possibilidade de um tempo limitado de gravação, a história de um pastor. Como não recordo seu nome, vamos dizer que fosse Aurélio.

> Eu estava naquela mesa de hospital – tinha tido um infarto. E vi aquela coisa preta chegando, dos meus pés até meu peito: era a morte. E ouvi os médicos a minha volta me declarando morto e levando meu corpo ao necrotério. Deixaram-me nu sobre a mesa de metal. O Diabo olhava na minha cara e ria, sua boca cheia de dentes pontudos. Eu suava frio, mas dizia:
> – Não pertenço a você, pertenço a Jesus.
> E aquela coisa horrível saiu da minha frente e surgiu Jesus. Ele pegou na minha mão e falou:
> – Não é sua hora ainda, espere.
> E Jesus me levou a conhecer o Inferno. E lá as almas sofriam, como na Bíblia...

Em 1967, Zé do Caixão criou um inferno de gelo, sadomasoquismo e péssima atuação. Era, ao menos, original. O Inferno do pastor Aurélio não era original: as pessoas ficavam no fogo, sendo churrasqueadas pelos demônios e pedindo ajuda a quem estava do outro lado do abismo, no Céu, ou aos turistas, como ele. Pediam água para beber, mas estavam condenados a não recebê-la. Jesus ficaria muito bravo se ele oferecesse uma garrafinha aos condenados. A viagem do pastor Aurélio prosseguiu para o Céu, que era cheio de anjos, gente cantando, ruas de ouro, grama verdinha, gente morta sem sexo vestida em roupas de hospital, e mais cantoria. "Aquela glória toda", como dizia o pastor.

A originalidade do pastor Aurélio residia no fato de que...

> Os médicos queriam fazer a autópsia, mas minha mulher não deixava.
> – Não, de jeito nenhum, pois eu tenho fé e Jesus me revelou que não é a hora dele, e só Deus sabe a hora de cada um. Meu marido vai voltar!

Aqui o pastor não reconhecia que o maior milagre era os médicos terem aceitado a palavra de sua esposa, em vez de enviar o corpo para a funerária e a mulher para a ala psiquiátrica, como faria todo sentido. O bravo pastor Aurélio continuou na sua missão de Dante Alighieri tupiniquim até o terceiro dia, ou lado B do LP, quando:

> Minha mulher, que não saiu do lado de meu corpo, notou que eu me movia. E gritou para os médicos. Vi aquela coisa preta, que era a morte, se afastar de mim e me levantei no meio do necrotério. Jesus me disse que tudo aconteceu para que eu contasse esta história como testemunho de seu poder. E aqui estou eu como testemunha de suas maravilhas. Aleluia!

—

Voltando para casa, ficou claro que, quem sabe por conta do meu interesse calmo por livrinhos de escola dominical e *audiobooks* milagrosos, meu avô havia se tornado meu amigo. Ou o equivalente a amigo em sua sisudez toda. O pastor Rubens tinha uma venerável barbela e uma papada de touro velho pendendo de seu pescoço. Talvez por isso suas metáforas rurais: para mostrar seu agrado, disse por telefone que meu irmão era um bagual, isto é, um touro indomável, enquanto eu era um flete, um cavalo de boa raça e bom porte.

Estava orgulhoso de ser um cavalo de raça. Por isso, em fevereiro, tratei de orar mais, pecar menos e tentar ser mais como meu avô gostaria que eu fosse.

Os homens de paletós tortos e mulheres bigodudas com mangas até o punho traziam a imagem da vida como um pesar sem fim, uma espera arrastada pela hora da morte. Mas o fato é que os crentes viviam num mundo cheio de emoções. Um mundo em que um Deus nem um pouco sutil, nem um pouco misterioso está em contato constante com as pessoas, assim como seu adversário. Um mundo em que Deus e o Diabo nos falam por nossos próprios pensamentos, que, assim, nunca são nossos. Um mundo, também, em que nunca se está sozinho.

Como uma condição inscrita nos genes, que se manifesta cedo ou tarde, mas sem escapatória, nós faríamos parte desse mundo. No fim de 1986, passa a fazer parte de nossas vidas um homem baixinho e careca, com uma batina branca. Seu nome era Oseias, sua igreja se chamava Exército Celestial.

O pastor Oseias andava armado.

COMO DEIXEI DE SER CRENTE Nº 1: milagre bom vem de longe

Não serão poucas vezes neste livro em que vou falar de milagres cabeludos. Todos, sem exceção, têm a mesma estrutura: o pregador, ao estilo caixeiro-viajante, vendedor de óleo de cobra, chega a uma igreja longe de onde mora, conta sua história e vai embora o mais depressa que pode. Para se sustentar, ao fim do culto, talvez se poste na saída da igreja vendendo seus *audiobooks* ou discos de canções (primeiro LPs, depois CDs, hoje não sei). Quem sabe, também Bíblias ou livros seus. Ou talvez receba uma parte da oferta do dia, para continuar seu trabalho missionário, podendo também pedir uma contribuição avulsa apenas para ele.

Seja como for, jamais se ouve falar de alguém que morreu e ressuscitou, ou foi curado de câncer, dentro da própria comunidade (exceto histórias em que a pessoa é curada de câncer com cirurgia ou quimioterapia dando uma ajuda, certamente insignificante, à providência divina). Isso são sempre histórias de forasteiros. Já milagres simples, como ter uma dor nas costas curada, podem ser locais.

A Igreja Católica afirma ter também seus milagres. Quando alguém começa a falar de eventos sobrenaturais, tais como curas, aparições, imagens que sangram e corpos que não se decompõem, uma comissão passa a investigar o caso, para determinar se aquilo pode ser explicado por causas naturais ou se é um milagre legítimo. Quando um milagre católico é considerado autêntico e oficializado, o veículo para esse milagre – padre, freira ou fiel – pode entrar em processo de beatificação, isto é, ser considerado um beato, um semissanto de alcance local. Se mais milagres forem atribuídos a essa pessoa, e se sua história de vida convier aos ensinamentos da Igreja, ele pode ser canonizado e celebrado no mundo inteiro como um santo oficial.

Eu não acredito nos milagres da Igreja Católica. Mas admitamos que há uma sensatez nesse processo. Os católicos aceitam o fato de que o ser humano é capaz de dar explicações extravagantes para coisas corriqueiras, passar adiante histórias das quais não foi testemunha e aumentar os fatos para impressionar seus ouvintes. Aceitam também que existem pessoas que mentem, e que algumas delas se dirão cristãs.

Vamos admitir então que, algum dia, em algum lugar, alguém atribuiu a Deus algo que saiu de sua cabeça. Se ninguém mentisse em nome de Deus, não haveria falsos profetas, a respeito de quem Jesus alertou:

> Acautelai-vos, porém, dos falsos profetas, que vêm até vós vestidos como ovelhas, mas, interiormente, são lobos devoradores. (Mateus, 7:15)

Duvidar de testemunhos suspeitos é, assim, apenas seguir o que Jesus recomendou. E essas palavras de cautela valem até mesmo para quem não crê, uma vez que a filosofia, a ciência e a política também têm seus falsos profetas, seus “lobos devoradores”.

PARTE 1:

FOGO DO CÉU

Filho do homem, profetiza e dize: Assim diz o Senhor: A espada, a espada está afiada e polida.

(Ezequiel, 21:9)

– **Dum-dum é uma bala oca** e com a ponta cortada. Quando bate no peito, divide-se em vários pedacinhos, arrebenta tudo por dentro.

Enquanto falava, segurava uma bala que ele mesmo havia acabado de fazer. Era de um calibre largo, mas não dos maiores, 44 ou 45; imagino que um 38. Explicava como funcionava a dum-dum com os dedos curtos, secos e descascados, fazendo um gesto que lembrava um guarda-chuva se abrindo.

– Já uma bala de fuzil – ele larga a dum-dum e pega em sua bancada uma bala de cartucho grande, mas mais fina e pontuda – é inteira, mas quando entra em alguém, curva-se para cima e sai na diagonal – inclinava a mão para mostrar o movimento. – Deixa um rombo muito maior que o buraco por onde entrou. Se pegar na perna ou no braço, já era. Tem de amputar.

Desenhado em talhos horizontais, tinha 1,65 metro, boca rasgada de sapo e era calvo – com a testa blindada de um elefante. Os cabelos nas laterais eram quase loiros, e a pele, de um alaranjado solar. Com sua voz alta e ardida, carregada de escárnio, o homem lembrava um gnomo.

– Vocês podem vir até minha casa. Estou com um estande lá, vamos dar uns tiros.

Não dizia isso para mim, mas para meu pai e seu amigo, um nissei chamado Ricardo Inoue, dono de uma oficina de automóveis tão limpa e organizada quanto pode ser uma, com mecânicos uniformizados e manchas de graxa e óleo apenas aqui e ali.

Vez por outra, depois que terminavam as aulas de manhã, eu acompanhava meu pai em seu caminho por Embu, Cotia, Osasco e São Paulo, num Gol branco, de oficina em oficina, vendendo peças de automóveis da concessionária Volkswagen onde trabalhava. Havia dias em que corríamos muitos lugares, e acabava sendo interessante. Noutros, uma chateação, quando as negociações ficavam arrastadas e eu passava horas brincando com peças cheias de graxa azul.

Ricardo era um grande amigo de meu pai e apresentou-nos seu novo camarada, a quem havia cedido bancada e ferramentas para fabricar munição para seu estande de tiro. O baixinho derretia o chumbo num cadinho sobre um bico de fogo, deitava-o num molde, então tirava as balas e, com uma pinça, encaixava-as cuidadosamente nas cápsulas cheias de pólvora.

A bala de fuzil, ele não havia fabricado. O pastor Oseias – assim Ricardo o apresentou, não como Oseias do estande de tiro, mas como Oseias, o pastor – dizia ser, sabe-se lá por quais graças, capelão do exército. Assim, carregava aquele projétil de munição militar como suvenir.

– Depois de dar uns tiros, vocês assistem ao meu culto. Vão gostar.

--

O pastor era aficionado por tudo que dissesse respeito a armas e exército. O quartel de Quitaúna, de onde ele dizia ser capelão, é um quartel histórico, envolvido nas Revoluções de 1924 e 1932, e de onde Carlos Lamarca fugiu com armamentos em 1969. Também era onde, assim meu pai afirmava, os militares secretamente fizeram e estocaram a bomba atômica brasileira. Por isso, havia um míssil soviético apontado para nossa cidade.

Além de fabricar munição, o pastor Oseias dedicava-se a outro *hobby* que poderia nos favorecer em caso de apocalipse nuclear. Era radioamador, que foi uma espécie de serviço de mensagens instantâneas[1] de sua geração. Com seus aparelhos pessoais de rádio, brasileiros arranhavam inglês ou espanhol em conversas com outros pais de família entediados do outro lado do planeta, até mesmo na União Soviética, e trocavam curiosos cartões-postais com seu

1 Como MSN Messenger, Gtalk e ICQ.

código de frequência – os peculiares XYZ alguma coisa –, para poderem ser achados novamente nos sintonizadores dos aparelhos.

Quanto ao míssil soviético apontado para Osasco, era lenda. O quartel de Quitaúna é mesmo uma instalação estratégica, mas a pesquisa atômica dos militares, que deu nas centrífugas de urânio brasileiras que a ONU quer inspecionar até hoje, ocorreu em Iperó, no interior do estado.

--

Não puseram armas em minha mão, mas meu pai me botou no carro e fomos ver o culto. Coisa que nunca vi antes ou depois em um pastor evangélico, Oseias usava uma batina branca e rendada de padre. A gnomice geral de sua figura fazia dele meio que um sósia do Mestre dos Magos, do desenho *A caverna do dragão* – o que, naquela idade, me inspirava confiança.

E mestre, de certa forma, ele era. Começava seu culto de forma similar ao meu avô: "Saúdo a igreja com a Paz do Senhor".

– Paz do senhor! – diziam os crentes.

– Vamos começar o culto ouvindo os jovens.

Levantaram-se dos bancos quatro pessoas, inclusive a esposa do pastor, que devia beirar os quarenta anos. Com palmas dando o ritmo, cantavam sua vinheta. Uma que eu conhecia do seriado *Armação ilimitada*:

Nós somos jovens,
jovens, jovens
Somos da Igreja,
do Exército Celestial

Os jovens da Igreja Evangélica Exército Celestial formavam uma banda de baixo, guitarra e teclado, com a mulher do pastor nos vocais, e tocavam velhas e novas do louvor. As velhas, ela cantava em vibrato, ricamente cafona como uma cantora de fado. As novas, tentando ser Wanderléa, que gravou "Exército do surf" primeiro em 1964.

Pelo nome da igreja, já se notava que o pastor gostava de exemplos militares. E em várias ocasiões o escutaríamos falar em "fogo do céu". Não se tratava do fogo do céu como em Sodoma e Gomorra, mas de outra passagem bíblica, onde a expressão tem um significado positivo.

– Convido a igreja a abrir a palavra do Senhor no Primeiro Livro de Reis, capítulo 18, versículo 36.

36. Sucedeu que, no momento de ser oferecido o sacrifício da tarde, o profeta
Elias se aproximou, e disse: O SENHOR Deus de Abraão, de Isaque e de Israel,
manifeste-se hoje que tu és Deus em Israel, e que eu sou teu servo, e que confor-
me à tua palavra fiz todas estas coisas. **37.** Responde-me, SENHOR, responde-
-me, para que este povo conheça que tu és o SENHOR Deus, e que tu fizeste
voltar o seu coração. **38.** Então caiu fogo do SENHOR, e consumiu o holocausto,
e a lenha, e as pedras, e o pó, e ainda lambeu a água que estava no rego. **39.** O
que vendo todo o povo, caíram sobre os seus rostos, e disseram: Só o SENHOR
é Deus! Só o SENHOR é Deus!

– Agora, que Deus é esse que manda fogo do céu? Igreja dizer que segue a Deus, todas dizem, mas quem vê fogo do céu? Será que o Deus dessas igrejas é o mesmo que manda fogo do céu, como no livro dos Reis?

A igreja não parece suspeitar de uma resposta.

– O problema é assim: você chega a essas igrejas, o diácono fica sentado ali, no fundo da igreja... Imaginem o diácono bem ali – aponta para um lugar vazio. – Está lá o diácono, assim... – fecha os olhos e joga a cabeça para trás, como se atingido por um dardo sonífero. – Zzzzz...

Risadinhas tímidas são ouvidas, sem se saber de quem.

– Então alguém chega de lado e diz "Paz do Senhor, irmão". E lá se vai o diácono para o chão. Tum!

Agora, gargalhadas.

– Onde já se viu isso? Deus não é para boi dormir. Nosso Deus é um Deus vivo, que faz milagres, que manda fogo do céu. Amém?

O "amém" vem firme, mas discreto.

– Mas, ei! Assim, vocês parecem o pessoal das igrejas do sono... Isso aqui por acaso é a Igreja Presbiteriana?

Silêncio.

– Perguntei a vocês. Estamos numa Igreja Menonita? Numa Igreja Batista?

– Não!

– Numa Igreja Metodista?

– Não!

– Esta é a Igreja Exército Celestial! Aqui acreditamos no Deus vivo, o

Deus que manda fogo do céu. Quem acredita no Deus vivo diga: amém! Vamos! Amém!

O segundo "amém" foi histérico o suficiente para atingir o resto do quarteirão, e o pastor abriu seu sorriso de *gremlin* satisfeito.

– Se vocês tiverem fé, irão ver o fogo cair do céu. E isso não é força de expressão. Não, estou falando de fogo mesmo, quando a gente for orar no monte. Amém?

– Amém!

– Aleluia?

– Aleluia!

– Que bênção!

O pastor não acusava católicos de fazerem cultos sonolentos. Ali, como em qualquer Igreja Pentecostal, não se concebe nem mesmo que católicos sejam cristãos. Falava de protestantes tradicionais: luteranos, batistas, presbiterianos, menonitas, metodistas. Esses que desperdiçam Deus fazendo as coisas pela metade, acreditando na Bíblia e ignorando o papa, mas não levando muito a sério dons e milagres.

Pentecostais se consideram protestantes, mas gostam de ressaltar essa distinção em relação aos tradicionais. Os cultos pentecostais são "quentes", fervorosos. Um culto pentecostal tem choro, gritos, exorcismo, curas e línguas estranhas. Um culto tradicional lembra bastante uma missa católica, é mais solene e cerimonioso. Aos olhos dos pentecostais, os tradicionais não chegam a ser "irmãos" de fé, mas são primos. Estão no caminho certo e não irão para o Inferno, mas são tolos que vivem tropeçando na Verdade sem conseguir enxergá-la. A Verdade de que Deus faz milagres a baldadas e o Diabo espia detrás da porta.

– Oh, *suricantaramarrai*, *irimianda*, *suricanta*, Jesus maravilhoso, oh, senhor dos céus, *surianda*, *surimicanta*.

A mulher do pastor Oseias, Júlia, uma figura alta e de rosto comprido e equino, chorava e falava uma língua estranha.

Era a primeira vez que eu escutava o dom das línguas – glossolalia – manifestado assim, tão profusamente. Meu avô, apesar de também lembrar vez por outra que estávamos numa igreja "quente", era econômico nos dons da fé.

– *Suricanta. Surimianda.*

O som se repetia na voz em transe e misturava-se ao choro e ocasionais palavras de louvor em português.

– Oh, Jesus. Deus maravilhoso. Grande Senhor. *Surimicanta*!

O marido, pastor Oseias, tinha o "dom" de interpretar o que ela estava dizendo nessa fala misteriosa, que diziam ser a língua dos anjos. Fazia a tradução simultânea:

– O Senhor me revela que alguém aqui está muito atribulado na vida.

– *Suriandaramarrai, aramarria, arimianda, surimicanta...*

– Mas não tema, diz o Senhor dos Exércitos, não tema, pois eu tenho conforto a lhe oferecer...

– *Suricantaramarrai, surimicanta, arimicanta, suricantaramarraia...*

– E hoje é o seu dia. Deus aponta para você. Deus quer mudar a sua vida...

– *Orimianda, orimicanta, suricanta...*

– Venha à frente agora! Aceite Jesus como salvador da sua vida!

Um dos "jovens", de óculos quadrados, tocava num teclado Casio uma sequência lacrimosa. Era um chamado direto. Deus não estava de brincadeira. Mesmo eu já me considerando um crente, Ele me mandava pôr imediatamente as coisas nos eixos, e eu deveria ir além do que a maioria das pessoas fazia.

Dei meus quinze passos até a frente da igreja e me atirei ao chão. Senti as lajotas frias na barriga e falei assim com Deus:

> Senhor, eu sempre estive contigo, mas agora tudo vai ser diferente. Daqui para diante eu tenho uma igreja, eu tenho um lugar para te seguir. Vamos começar uma coisa nova aqui, Deus. Eu quero uma vida nova... um eu novo. Eu não sei quando foi a primeira vez, mas aceito de novo Jesus como salvador da minha vida.

Deixaram-me ali, sentindo o gosto da poeira do chão por dois minutos, então o pastor me pôs de pé. Besuntou minha testa com o azeite que trazia num frasco pequeno e depois tapou meus olhos com sua mão de lixa enquanto orava, como que entregando a Deus aquela encomenda, rogando que me aceitasse, o novo "pequeno servo".

Atendendo ao mesmo chamado, meu pai também se reconverteu nesse dia, sem o drama todo, recebendo a oração em pé mesmo. Deixava de ser um desviado. De ser um ímpio.

--

Minha mãe não estava lá. De certo modo, minha mãe nunca esteve lá. Não importa onde e quando fosse lá. Era como se ela, o tempo inteiro, ficasse pensando numa coisa qualquer, em algum lugar distante de sua ideia. Uma coisa que não revelava a ninguém, talvez porque soubesse que aquilo arrasaria quem estava por perto. Que ela não gostava de sua vida. Que ela talvez não estivesse tomada de amor por nós o tempo inteiro. Que talvez não estivesse nem na maior parte do tempo.

Ferir os sentimentos alheios era algo que Inês não fazia. Era aquele tipo tão incapaz de ofender os outros que causava um profundo e intenso mal a si mesma. Uma santa, uma masoquista. Uma santa que iria para o Inferno, eu tinha certeza. O Deus em que acreditava se importava apenas com fé, não ações: não ser crente é ir para o Inferno.

Ela havia conseguido de meu pai um tear de lã, um engenho que funcionava empurrando-se uma peça de um lado a outro, por meio de um trilho com ranhuras e agulhas, abaixo do qual o tecido ia descendo já com desenhos na malha. Ela passava o dia inteiro naquilo, fazendo toucas, suéteres e cachecóis para vender para as vizinhas.

Eu soube, e não foi por minha mãe, que seu sonho era ter independência financeira, abrir uma malharia de verdade, para o que ela precisaria de investimento de meu pai. Investimento que jamais veio.

Absorvida em fazer roupas, minha mãe não se importava muito com o que eu, meu irmão ou o cachorro estivéssemos fazendo. Um dos meus passatempos favoritos era subir num muro de cinco metros entre minha casa e a dos vizinhos e ficar me equilibrando ali.

Minha mãe tinha uma palavra para seu estado geral de espírito: angústia. Ela "tinha umas angústias". Depressão ainda não era um termo corrente.

1986 foi o ano do cometa Halley. Eu e o mundo ficamos olhando para o alto, à procura de um cometa que prometia trazer extraterrestres, a Era de Aquário, o fim do mundo ou uma grande experiência em astronomia, conforme a visão de cada um. E também uma aparição que só se veria uma vez na vida, a se acreditar na propaganda que foi feita. A missão que destruiu o ônibus espacial Challenger levaria uma sonda para estudar o cometa.

Eu não esperava extraterrestres, já sabia que o cometa era uma bola de gelo – afinal de contas, assistia televisão. Mas pedi e ganhei o Halleyfante, um robô em forma de cabeça decepada e cromada de elefante, com uma tromba em borracha sanfonada. Ele acendia os olhos, batia e voltava. Também dizia duas frases – não me lembro quais. Acabou com a tromba virada do avesso, de frustração por ser um brinquedo tão idiota.

Eu adorava tudo o que tivesse cara de futuro ou espaço, até mesmo a abertura do *Fantástico*. Houve uma noite de fevereiro em que, assim se noticiou na TV, o Halley seria especialmente visível a olho nu. Então, subi sozinho no terraço, por volta das oito da noite. Fazia calor, mas o céu estava nublado. O Halleyfante ficou no armário, mas o cachorro estava comigo. Mais interessado na rua que no céu, latia para coisas invisíveis.

A próxima passagem do Halley seria em 2062, e eu seria um velhinho de 84 anos. Será que ainda conseguiria enxergar o suficiente para ver o céu? Procurava por entre as nuvens e tentava me orientar pelo Cruzeiro do Sul para localizar o cometa no horizonte, imaginando riscos que saíam do chão às estrelas – foi o que me ensinou a TV e a professora na escola. Olhando para cima, só via nuvens.

Se você me perguntasse então onde estava Deus, eu diria que Ele estava no espaço, depois das estrelas. Numa outra dimensão, estando ali, mas ao mesmo tempo depois dali.

– Senhor, será que dá para tirar essas nuvens do caminho? Eu gostaria de ver o cometa, e o cometa é uma maravilha de Sua criação.

Procurei uma abertura entre as nuvens, e houve um momento em que elas realmente pareceram se afastar. Atrás, uma estrela desbotada, como no céu de São Paulo de todos os dias. Antes de eu poder dizer "aleluia", outra nuvem fechou minha janela para o espaço.

Deus é manhoso. O cachorro já havia desistido e se encerrado em sua casinha às onze e meia da noite, quando minha mãe me chamou para entrar. O Halley ficaria para os meus 84 anos.

--

Com cometa ou sem cometa, eu haveria de ficar muitos dias entre o céu e o terraço. O terraço é personagem que merece apresentação. Nossa casa tinha três níveis: garagem, casa e fundos. A laje sobre a garagem, coberta por lajotas vermelhas, na altura da casa, fazia as vezes de terraço. De lá avistávamos o bairro inteiro, até a vista ser bloqueada por um conjunto grande de prédios de doze andares, dois quilômetros além.

Eu via a cidade. Osasco era e é uma cidade muito feia. Mas à noite qualquer ratoeira urbana parece uma constelação, e cada poste indiferente tem uma história distante, um mistério silencioso. Eu imaginava casais de namorados e bandidos.

—

Com o tempo – pouco tempo – fomos convidados à casa do pastor. A Igreja Evangélica Exército Celestial ficava num bairro bastante afastado de Osasco, na Zona Sul, depois do Jardim D'Abril, e tinha em frente um imenso terreno barrento, tomado de canos grossos de cimento, esperando a continuidade de alguma obra que eu nunca soube qual era. Tratava-se de um sobrado com uma loja no térreo, convertida em igreja. No andar de cima, ficava a casa do pastor, sua mulher e os dois filhos, que regulavam de idade comigo e meu irmão. Para entrar na casa, subia-se por uma escada improvisada, com partes de madeira e cimento, que contornava um barranco ao lado da igreja. No fundo do barranco ficava estacionado o Corcel I vermelho do pastor, ano 1970 e algo. No pé da escada, era preciso dar um salto de trinta centímetros sobre um abismo de quatro metros que ficava entre o barranco e a casa. Atrás da casa, ficava o estande de tiro.

—

Acabou 1986, ano de Chernobyl, Plano Cruzado, Challenger, a decepção do Halley e a derrota do Brasil para a França na Copa do México, com um pênalti perdido por Zico.

Como todos os fins de ano, viajamos para o Sul – às vezes visitávamos os parentes de minha mãe no norte do Paraná, às vezes, os de meu pai, em Curitiba. Meu avô pastor mudava o tempo inteiro, pedia para ser transferido toda vez que se entediava de uma congregação – mais ou menos ano sim, ano não. Nesse ano, estava em Palmeira, cidade ao sul de Ponta Grossa, parte fria do Paraná.

Um ano contém prazo suficiente para uma criança de oito anos acreditar que passou de larva a ninfa, uma escala acima do que quando o ano começou.

Eu havia aprendido muitas coisas naquele ano. O que é puberdade, protozoários, ônibus espacial, míssil balístico intercontinental, quartel de Quitaúna, bala dum-dum, a trajetória da bala de fuzil, como é frequentar uma igreja.

A casa em Palmeira era anexa à Assembleia de Deus local, pela qual se entrava por meio de um corredor lateral. Se a igreja estava aberta, eu entrava para olhar suas vidraças, seus equipamentos, seus instrumentos musicais. Toda igreja de meu avô cheirava sempre a madeira lustrada e panos lavados – obra mais do zelo de dona de casa que religioso de minha avó. Era como se a igreja fosse uma propriedade da família.

Meu avô era do tipo de dar tapa no joelho de criança por ficar balançando as pernas no banco durante o culto, mas, nesse verão, parecia bem-humorado, talvez por causa da reconversão de meu pai. Oseias, por exótico que fosse, havia começado sua carreira de pastor na Assembleia de Deus – era um retorno quase completo.

Tivemos as galinhadas da avó Leonora, e apareceram por lá muitos parentes. Meu pai é o quarto na ordem de idade, tinha 36 anos então, e sua irmã mais jovem tinha 21. Apenas essa tia, o irmão mais jovem depois dela e um tio esquisitão chamado Lutero eram solteiros. Os outros sete eram casados, e somem-se dezesseis primos, contando eu e meu irmão. Família grande, fruto não se sabe se do conservadorismo cristão ou da falta de televisão (essa piada, os tios não cansavam de repetir).

Num primeiro culto, fomos apresentados à igreja com especial alegria pelo pastor Rubens, anunciando o retorno do filho pródigo. Meu pai, como não fazia desde antes de se casar, pôde tomar sua eucaristia – ceia, como chamam.

Era um dos maiores mistérios para mim o que sentiam aqueles adultos ao comerem um pedacinho de pão seco e tomarem o suco de uva. Os evangélicos não veem problema em tornar o vinho metafórico, substituindo-o por suco de uva, já que isso significa evitar o consumo de álcool. Também não dizem, como os católicos, que ocorre *transubstanciação*, isto é, que o pão e o vinho se transformam em carne e sangue de Cristo literalmente. Ainda assim, o colorido brilhante naqueles copinhos era como um remédio misterioso, um tônico. Minha avó, que preparou a ceia, me deixou tomar do copinho não consagrado – era suco de uva, simplesmente, e o pão também não tinha nada de mais. Se me deixavam ingerir aquilo, era porque a mágica ainda não estava lá.

Meu avô era liberal para um pastor da Assembleia de Deus. Desde os anos de 1970, já dizia que uma calça para mulher poderia ser muito menos indecente que muita saia, e que costumes não eram doutrinas. Que existiam coisas muito mais fundamentais a um cristão do que as roupas que vestia.

Mas televisão continuava não havendo na casa do pastor. Assim, eu gastava o tempo em molecagens mais físicas. No quintal, nasciam joaninhas azul-metálicas. Eu estudava "cientificamente" as joaninhas, colocando-as em potes de plástico. Escalava o muro da igreja quando o velho não estava olhando – era desrespeito, dizia. Conheci os filhos dos crentes da cidade. Um deles tinha figuras de ação do He-Man e uma espingarda de chumbo. Tentava acertar passarinhos, mas eu achava aquilo antiecológico e acabei brigando com ele.

Restou a mim ler os livrinhos da escola dominical, isto é, as aulas de religião para as crianças aos domingos de manhã. Ilustrados, neles estavam histórias bíblicas de pessoas com nomes engraçados, como Sadraque, Mesaque e Abedenego, que foram atirados em um forno aceso, mas, graças à proteção de Deus, caminharam à vontade lá por dentro. Eu então imaginava que se acendia em torno deles uma aura antitérmica azul-gelo.

—

De 1986 para 1987, oramos pelo fim do mundo. A favor do fim do mundo: antes de o mundo acabar, Deus levaria os justos para o Céu diretamente, num teletransporte para o Paraíso, no estilo Star Trek, "Beam me up, Scotty",[2] sem essa coisa inconveniente de ter de morrer primeiro. Chama-se isso de arrebatamento, e depois é que aconteceriam os horrores descritos no Apocalipse – mas só para os incrédulos, que não foram arrebatados.

É assim todo ano. Em tese, os evangélicos não acreditam que seja mais provável o mundo acabar numa hora que em qualquer outra. Todo segundo da existência é candidato a ser a hora do arrebatamento. Mas ninguém resiste ao apelo da hora zero.

A oração final da passagem era particularmente tomada de glossolalia. As pessoas choravam, gritavam louvores, misturavam coisas com e sem sentido. Eu não podia falar línguas estranhas porque não havia sido batizado no Espírito Santo – nem nas águas eu fora batizado. Crianças não falavam línguas estranhas. De minha parte, eu apenas orava.

2 "Transporte para mim, Scotty".

Deus, se for agora, que legal vai ser, já que eu e meu pai já voltamos para a Igreja. Mas eu não queria que minha mãe fosse para o Inferno, então é melhor que não seja agora. A não ser que o Senhor vá perdoar, então vamos cantar e ficar felizes para sempre no Céu. Esse mundo tem muita coisa triste, Deus. Talvez seja melhor que seja agora. O Senhor quer acabar com o mundo, Deus? Dê um sinal!

Os fogos lá fora anunciaram que, por ora, o mundo não havia acabado. Coisa frustrante. A oração durou mais um ou dois minutos após a virada, então meu avô começou a desacelerar sua própria glossolalia, limpou as lágrimas dos olhos, recompôs-se e aguardou o silêncio da congregação.

– Desejo à Igreja um feliz ano-novo em Cristo. Aleluia!

E os crentes se despediam com "feliz ano-novo, irmão!".

Ao fim do culto, os pentecostais apressavam-se em ir para casa, onde os esperavam peru com farofa, pernil, nozes, as mesmas bobagens de todo o mundo (ou a falta delas, se fossem muito pobres). Os mais ousados chegavam a abrir um espumante – nos anos de 1980, espumante nacional ou sidra.

Beber em si não é pecado, ficar bêbado é que é – e todos ficavam vigiando uns aos outros, esquecendo, com isso, de prestar atenção às crianças. Como ninguém tocava na sidra para não ficar malvisto, quem acabou bebendo a garrafa inteira fui eu. No dia seguinte, minha primeira ressaca.

––

Note-se que disse primeira ressaca, não primeiro porre. Meses antes, meu pai havia comprado um garrafão de vinho vagabundo e licoroso de uma vinícola de São Roque. Ele jamais foi de beber, mas já então os médicos diziam que um pouco de vinho todos os dia fazia bem para a saúde. Além disso, como vinho aparece profusamente na Bíblia, soa menos pecaminoso que outras formas de álcool. Meu pai deixava, até incentivava, que eu tomasse um copo de vinho.

Raciocinei: se um copo de vinho por dia faz bem, oito copos devem fazer um imenso bem. E, quando não havia ninguém mais na cozinha, tomei de uma sentada oito copos.

Fiquei zonzo e me mandei para a cama antes que descobrissem. Orei nesse dia, mas achei tão engraçado que, em vez de pedir desculpas pelo pecado da embriaguez, comentei a experiência com meu amigo Jesus. Dada toda sua relação com a bebida, como é narrado na Bíblia, Jesus devia entender, afinal de contas.

—

Ninguém soube da minha ressaca, e voltamos para Osasco. Ao começarem as aulas em 1987, eu já tinha orgulhosos nove anos e a vida era fácil. Minhas notas eram boas, até porque eu lia os livros didáticos antes de as aulas começarem – não de todas as matérias, mas de Ciências e História. Já havia decidido então que não seria mais piloto de avião, mas cientista, biólogo.

Meu irmão foi para o primeiro ano, meu melhor amigo foi transferido para outra escola. Chamava-se Patrick e, se você pensar no Patrick do Bob Esponja, é ele mesmo. Como não havia Bob Esponja ainda, o mais próximo que eu encontrei foi Sloth, dos Goonies. E assim eu o chamava: Patrick-Sloth.

Eu tinha ganho de presente de aniversário o Laboratório de Química Experimental, que vinha com muitos tubos de ensaio, vários componentes e explicações complicadas demais para mim, ainda que eu não admitisse isso nunca. Era só misturar uma substância qualquer para ela ficar com a cor de outra – o que fazia eu me sentir um cientista. Patrick ficava impressionado e me chamava de "crânio". Era meu assistente de cientista louco, meu Ígor.

Chamei o Patrick para conhecer comigo o Instituto Butantã e a Estação Ciência. Decorei uns nomes em latim. Andava por terrenos baldios do bairro, observando esqueletos de bichos que encontrava. Também destruía cupinzeiros – experimentalmente.

Querer ser um cientista não entrava em conflito com a igreja – não ainda. Por que Deus haveria de fazer as pessoas espertas se seria um problema elas serem espertas?

—

Era outro dia na igreja. Do meu banco, acompanhava com os olhos minha mãe, que havia caminhado até o pastor Oseias para aceitar Jesus como salvador de sua vida.

Eu sabia que não seria tão fácil. Afinal, fumante e deprimida, e tendo me levado à mãe de santo, ela teria de se livrar de alguns "encargos" antes de poder se converter.

Inês era mais alta uns sete centímetros que o pastor Oseias, e usava salto. Com a mão untada de azeite, ele esticou-se para tapar os olhos dela.

– Senhor, receba Tua serva que aqui se apresenta...

Minha mãe deu um passo para trás e sua coluna se estendeu, o pescoço travando. Os crentes entraram em alerta para o que estava por acontecer. A mulher do pastor e o *nerd* do teclado Casio postaram-se atrás dela. O pastor imediatamente mudou seu tom de voz:

– Satanás, você está aí, mas não pode mais ficar. Em nome de Jesus, eu te ordeno, vá embora. Ela não é mais sua. Ela não lhe pertence!

Ao ser proferida a palavra "Satanás", vi minha mãe desabando no chão.

Roguei a Deus que tirasse aquilo dela. Mas, em algum lugar, tinha a convicção de que era o que ela merecia. Que era justo aquilo, por sua falta de fé. Por ela ter sido sempre tão... católica.

Minha mãe estava estirada nos azulejos sujos e frios. Eu e meu pai estendemos as mãos para ajudar a expulsar o demônio dela, orando, dando ordens ao Diabo. Ela permanecia travada e o pastor Oseias continuava falando ao ouvido dela, com sua voz esganiçada de cachorro pequinês:

– Satanás, você não pode nada. Em nome de Jesus, eu lhe ordeno, saia! Saia, em nome de Jesus!

E passaram-se minutos de repetidas ordens, com ela paralisada, até que suas pernas voltaram a se mover. Ela se sentou, ofegante. Puseram-na de pé, e o pastor voltou a orar falando agora com Deus, não com o Diabo.

– Senhor, esta é Tua serva, libertada em Teu nome, que caminha para a Tua Igreja. Ela entrega sua vida ao Senhor, para que a parta, como um vaso velho, e a faça de novo. Abençoe-a em nome de Jesus. Amém?

– A... mém!

– Aleluia!

--

O demônio que possuiu minha mãe era dos calmos. Algumas semanas depois, estávamos sentados na ala esquerda da igreja quando o pastor fez o apelo:

– Quem quiser entregar sua vida a Jesus, venha até a frente.

Uma moça de uns dezesseis anos, que me lembrava a Mara Maravilha, se apresentou.

O pastor Oseias pôs a mão besuntada de azeite na testa da moça. Ela pendeu sobre os próprios calcanhares e começou a se debater. A mulher do pastor tentou segurar seus pulsos. A endemoniada berrou alguma coisa e desabalou pelo corredor.

Foi contida por meu pai, o *nerd* dos teclados e outro fiel, já do lado de fora. Eles a arrastaram para dentro novamente. O pastor encostou a mão na testa da possuída e ela tornou a se contorcer. Acharam por bem deitá-la no chão, presa pelos braços como uma lutadora de jiu-jítsu tomando um *ippon*. A endemoniada berrava "não", "filho da puta" e "solta!", numa voz rouca que todos os que estavam ali diriam depois não ser dela, que seria uma voz impossível para uma moça.

Toda a igreja se juntou em volta da endemoniada para assistir, e também para colaborar no esforço do exorcismo, impondo as mãos sobre ela. Minha mãe não me permitiu chegar perto demais, mas vi que a mulher do pastor pulou para trás. A possuída havia acertado um coice de salto em sua canela.

Por cerca de cinco minutos, Oseias repetia: "Satanás, vá embora, eu te ordeno em nome de Jesus", e nós colaborávamos com as mãos, emitindo ondas de cristianismo para espantar o tinhoso. Minha mãe, atrás de mim, murmurava alguma oração, mas eu queria desafiar: "Saí, bicho feio! Você não tá com nada! Jesus tá com tudo!". Muitos minutos mais se foram até que o demo começasse a demonstrar cansaço. A moça foi relaxando, pôs-se de pé e trouxeram-lhe um copo d'água. Ela chorava e estava toda estropiada, suada, com a roupa suja do pó do chão, cabelos bagunçados – desta vez, o pastor também estava.

Todos se prepararam para um segundo turno de oração, postando-se atrás da adolescente endemoniada. Mas ela já estava livre, aceitou Jesus e em pouco tempo estava cantando a música da Wanderléa com "Os jovens".

--

Havia domingos em que atravessávamos a cidade para visitar os parentes pobres. Era uma casa extremamente feia em Artur Alvim, bairro próximo de Itaquera. Ficava numa vila de vários sobrados muito velhos e com paredes descascadas deixando à mostra os tijolos. O chão rachado fazia colinas de concreto, e os degraus, pretos de limo, tinham cada qual sua forma e altura. Entre os sobrados havia vigas com as quais um se sustentava no outro. Na arquitetura improvisada do cortiço, também havia cômodos inexplicáveis isolados ao alto, ao fim de novas escadas, e mais lajes perdidas, sobre as quais ferros retorcidos e colchões decompostos eram estocados pelos moradores.

Irmã do meu pai, a tia Iracema teve cisticercose quando era criança, uma doença em que larvas de tênia ficam alojadas no cérebro. Assim, sofria de epilepsia, além de um aparente retardamento mental por causa do qual nunca aprendeu a ler.

Mesmo assim, o pastor Rubens permitiu que se casasse. Tinha três filhos a tia: Irene, Percival e César. O marido trabalhava como alfaiate e se chamava Sandoval. Era meio índio, baixinho, de óculos fundo de garrafa e extremamente simpático, um pouco demais, a dizer a verdade. Tinha por hábito concordar com qualquer coisa que seu interlocutor estivesse dizendo. Era divertido ver o tio Sandoval no meio de uma discussão, concordando com ambos os lados:

– Esse Lula vai tranformar o Brasil em Cuba. No dia em que ele for eleito, todas as empresas fecham as portas e começam os saques.

– É, ele vai fazer a União Soviética aqui.

– Não exagera. Ele nunca foi dessa turma. Já tá na hora de ter alguém de nós lá, não um desses doutores empertigados.

– Olha, vendo bem por esse lado, ele não é ruim, não, viu!

Outro irmão de meu pai morava com eles, tio Lutero, solteirão que trabalhava como segurança. Era o esquisitão da família, e também o responsável por fazer as piadas com pavê em encontros familiares ("é pra ver ou pra comer?", toda família tem um tio desses). Quando achava que ninguém estava vendo, fazia discursos para a parede, condenando a si próprio, seus erros. Tio Lutero não era exatamente um intelectual, mas foi quem me ensinou a ler, aos cinco anos.

--

Mergulhando naquela penumbra viscosa, certo dia, achamos a casa de tia Iracema em grande agitação.

– Eu vi... o Diabo! Vi o Diabo!

Minha prima Irene, um ano mais velha que eu, chorava contando seu contato imediato:

– Estava aqui, nesse canto, perto da geladeira. Olhei para lá, na despensa, bem ali, e vi... aquela coisa feia... Uma coisa muito feia! Encurvado, pequeno, com os olhos brilhando, mas não de luz, não, de fogo... Brilhando escuro, preto. Desbrilhando! Uma coisa que chupava a luz. Fechei meus olhos, pedi ajuda a Jesus, pedi a ele que tirasse aquela coisa horrível da minha frente. Pedi e fiquei um tempão parada ali. Não conseguia gritar. Quando abri os olhos, ele não estava mais... Meu Deus, nunca mais quero isso...

Eu não tinha certeza se acreditava naquela história. Mentiras tinham pernas compridas com a prima Irene. Mas eu me deixei levar por um instante, experimentei acreditar. E se ela tivesse mesmo visto o demônio?

Aquela construção horrível inspirava ameaça, com a luz que nunca chegava, as paredes imundas, o ar trancado, o cheiro de mofo, de coisa morta. Um mal-estar profundo, como se o próprio Diabo estivesse me puxando para o chão, fez com que eu tivesse de me segurar no batente da porta para não cair.

Orei pedindo que a criatura não aparecesse. Mas isso não era garantia. Afinal de contas, Deus, vez por outra, gosta de nos testar, permitindo que esse tipo de coisa aconteça. Chama-se a isso provação.

Preferi, então, seguir a razão que me dizia que Irene estava inventando mais uma vez, como havia inventado sempre. Irene era um problema. Ela não via o Diabo, mas tinha o Diabo.

--

A Igreja Evangélica Exército Celestial não tinha mais de vinte membros. Assim, todos que ingressavam nela tornavam-se íntimos do pastor. Em pouco tempo, nossa sala de estar e o terraço se tornaram espaços alternativos para cultos avulsos às terças-feiras.

De forma similar às reuniões para vender as traquitanas plásticas da Tupperware, que minha mãe organizava pela manhã, as vizinhas começaram a aparecer, trazendo doces e salgados. Minha mãe preparava limonada suíça e a mulher do pastor, gelatina aerada. Em questão de semanas, duas casas acima e abaixo da minha haviam se tornado também evangélicas, setor Exército Celestial.

Minha mãe, no entanto, não parecia levar aquilo muito mais a sério que suas reuniões da Tupperware. Ela havia ficado amiga da mulher do pastor, mas ainda fumava seus Galaxies e tomava seus Dormonids – três vezes a quantidade prescrita na receita – às nove da noite. Todos pareciam gostar de minha mãe, menos ela mesma.

Ela orava, ficava em pé, cantava, dava as mãos aos outros para orar em círculo. Mas era sempre a voz mais baixa que se ouvia nas orações. Era sempre quem cantava mais miúdo. Não falava línguas estranhas. Chorava muito. As "angústias" continuavam.

--

Na chácara de um dos membros da igreja, um empresário cujo ramo me escapa à memória, aconteciam reuniões especiais, para vigília e batismos. Numa manhã fria, quatro pessoas vestiam uma bata branca ao lado do riacho barrento que corria perto da casa. Uma delas era minha mãe.

Da margem coberta de capim, o pastor Oseias anunciava suas intenções.

– Vamos abrir a Palavra do Senhor em Marcos, capítulo 16, versículo 16:

16. Quem crer e for batizado será salvo.

– Jesus aqui deixa claro que há duas exigências para ser salvo. Não basta crer, é preciso crer e ser batizado. Quem aqui quer ser salvo?

Em suas batinas, os candidatos a batizados concordaram com risadinhas e "eus" tímidos. Minha mãe, a mais tímida.

– Vocês vão ser batizados em água corrente. Não é só a Igreja Católica que faz errado. Os católicos batizam criancinhas que não têm pecado nenhum, nem têm consciência do que estão fazendo. Mas o sentido de batizar alguém é lavar, levar embora para longe seus pecados, fazê-lo nascer de novo. O neném mal nasceu, para que fazê-lo nascer de novo? Não é assim que João Batista fazia, ele batizava adultos, e na água corrente, para que o rio Jordão levasse embora seus pecados. A Assembleia de Deus batiza pessoas na idade certa, mas num tanque de água. Como você espera que os pecados sejam levados embora se não há água corrente? Fica tudo lá! No fundo do tanque, uma meleca só de pecados! Que porquice, gente!

Oseias anunciou que leria mais algum trecho, no Evangelho de São Lucas, capítulo 3:

7. Dizia, pois, João à multidão que saía para ser batizada por ele: Raça de víboras, quem vos ensinou a fugir da ira que está para vir? [...] **10.** E a multidão o interrogava, dizendo: Que faremos, pois? **11.** E, respondendo ele, disse-lhes: Quem tiver duas túnicas, reparta com o que não tem, e quem tiver alimentos, faça da mesma maneira. **12.** E chegaram também uns publicanos, para serem batizados, e disseram-lhe: Mestre, que devemos fazer? **13.** E ele lhes disse: Não peçais mais do que o que vos está ordenado. **14.** E uns soldados o interrogaram

também, dizendo: E nós que faremos? E ele lhes disse: A ninguém trateis mal nem defraudeis, e contentai-vos com o vosso soldo.

– Raça de víboras! – berrou com a cara nos olhos de cada um ali. – Raça de víboras! – repetiu, quando eles ficaram sem reação. – Vocês mesmos: raça de víboras!

Como um sargento diante da tropa, parou satisfeito diante do silêncio ofendido, preparando a lição:

– É assim que João Batista chamava quem chegava a ele para se batizar. Querer ser salvo todo o mundo quer, mas o que acontece aqui é um compromisso. Você tem certeza do que você está vindo fazer aqui? Porque é uma só vez na vida. Raça de víboras! E o que ele diz depois?

9. E também já está posto o machado à raiz das árvores; toda a árvore, pois, que não dá bom fruto, corta-se e lança-se no fogo.

– A árvore que não der frutos será consumida pelo fogo. Você toma uma decisão aqui, e é para dar frutos, não para ficar acomodado. Tem a responsabilidade de sair e pregar, espalhar a boa nova de Jesus. Sabe o que vai acontecer com você se não der frutos? Deus vai lançar você ao fogo. Não é só no Inferno, é em vida – se você não respeitar esse compromisso que está assumindo, será castigado. Mas agora vamos ler os versículos 15 e 16:

15. E, estando o povo em expectação, e pensando todos de João, em seus corações, se porventura seria o Cristo. 16. Respondeu João a todos, dizendo: Eu, na verdade, batizo-vos com água, mas eis que vem aquele que é mais poderoso do que eu, do qual não sou digno de desatar a correia das alparcas; esse vos batizará com o Espírito Santo e com fogo.

– E vejam que é só o começo. As outras igrejas, as frias, podem não se importar muito, mas nós acreditamos no batismo com o Espírito Santo e com fogo, nós sim. O batismo na água vocês decidem, mas o batismo no Espírito Santo é Deus quem decide a hora. Neste, vocês escolhem Deus; no outro, Deus é quem escolhe vocês. Mas vamos descer ao rio e vocês terão o batismo na água... raça de víboras!

O batismo das víboras era bastante simples. O pastor punha suas mãos sobre a testa, como sempre fazia, realizava uma oração brevíssima, tapava o nariz do fiel e o mergulhava.

Minha mãe afundou e emergiu fazendo careta, mais de quem havia levado um susto do que de quem havia nascido outra vez. Achava que veria nela um grande sorriso de felicidade. Lá estava ela, encharcada, na beira do rio, definitivamente transformada em evangélica, não mais católica. Deus havia esquecido todo o seu passado, mas Inês não parecia ter esquecido quem ela era.

O rio estava tão barrento quanto antes, nem mais, nem menos.

--

Comecei a fazer parte dos "Jovens" e a cantar o hino da Wanderléa. Eu, os filhos do pastor, o *nerd* do teclado Casio, a mulher do pastor e a ex-endemoniada que parecia a Mara Maravilha. Um dia, antes do culto, subi ao púlpito para ver o que havia ali atrás. Havia caixas de som, a guitarra e o baixo, o teclado, uma bíblia, a lata de *óleo composto de oliva e soja* com que o pastor recarregava seu vidrinho para ungir a testa das pessoas. E também havia um microfone.

– Saúdo a igreja com a paz do Senhor! – berrei, sem conseguir não achar engraçado.

Eu não era muito mais baixo do que o pastor, mas a regulagem da altura do microfone me fazia falar para cima – mais ou menos como Lemmy, vocalista do Motörhead. Meu pai subiu ao palco, bravo, para interromper minha blasfêmia. Foi detido pelo pastor.

– Deixe o menino. Acho que ele quer ser pastorzinho.

– É... eu quero pregar aqui em cima.

– Fábio! – protestou o pai, mas o pastor não ouviu.

– Fazemos assim... No próximo culto, você escolhe um versículo, prepara seu sermão e eu te chamo para pregar. Que tal?

– Legal!

--

Estávamos em dezembro, e eu abri a Bíblia para procurar por minha própria conta algo para dizer. Além dos livros escolares, lia revistas e histórias em quadrinhos. Minha mãe havia comprado uma enciclopédia, com desconto – não era a Barsa, nem a Larousse, era uma de livros fininhos. Não me importava se as coisas eram ou não para criança. Eu já tinha nove anos, era "gente grande".

O Velho Testamento contava histórias muito velhas e carrancudas, nas quais ainda não aparecia Jesus. O Novo Testamento, que vinha também num livrinho verde, era distribuído de graça na Assembleia de Deus. E começava assim, no Evangelho segundo Mateus (evangélicos não dizem *São Mateus*, apenas *Mateus*):

1. Livro da geração de Jesus Cristo, filho de Davi, filho de Abraão. **2.** Abraão gerou a Isaque; e Isaque gerou a Jacó; e Jacó gerou a Judá e a seus irmãos; **3.** E Judá gerou, de Tamar, a Perez e a Zerá; e Perez gerou a Esrom; e Esrom gerou a Arão; **4.** E Arão gerou a Aminadabe; e Aminadabe gerou a Naassom; e Naassom gerou a Salmom;

As palavras na Bíblia são sagradas, por isso me conformei a ler todas, diligentemente. Mas hoje posso afirmar que, perdoem-me os cristãos, definitivamente o Novo Testamento não está na lista de aberturas mais inspiradas da literatura universal. Após a genealogia de Jesus, que não faz o menor sentido, já que ele não é filho de José, o que é dito quando a história começa propriamente, lá pelo versículo 18:

18. Ora, o nascimento de Jesus Cristo foi assim: Estando Maria, sua mãe, desposada com José, antes de se ajuntarem, achou-se ter concebido do Espírito Santo.

Um versículo importante, mas não exatamente inspirador para uma pregação. No capítulo 2, no entanto, encontrei o que precisava.

No domingo, o pastor Oseias anunciou:

– Vamos agora ouvir o testemunho do irmãozinho... Fábio!

Subi até o púlpito. Os degraus eram altos demais para minhas pernas. Com minha voz de esquilo, saudei os adultos, meio gritado:

– Saúdo a igreja com a paz do Senhor!

Ouvi risinhos, e isso me ofendeu profundamente. Eles não sabiam da relação entre mim e meu amigo Deus, que nós tínhamos tudo acertado de antemão. Mesmo assim, o discurso atrasou. Só lá em cima lembrei que eu não tinha Bíblia própria, e pedi emprestado a do meu pai pelo microfone. Resolvido o problema, continuei:

– Irmãos, abram a Bíblia sagrada em Mateus, 2 e 9.

9. E, tendo eles ouvido o rei, partiram; e eis que a estrela, que tinham visto
no Oriente, ia adiante deles, até que, chegando, se deteve sobre o lugar onde
estava o menino. **10.** E, vendo eles a estrela, regozijaram-se muito com grande
alegria. **11.** E, entrando na casa, acharam o menino com Maria sua mãe e,
prostrando-se, o adoraram; e abrindo os seus tesouros, ofertaram-lhe dádivas:
ouro, incenso e mirra.

– Chega essa época do ano, a gente pensa em Papai Noel, ganhar presente, e esquece que é o aniversário de Jesus. Eu nem acredito em Papai Noel, é meu pai quem me dá presente. Mas, vejam só: foi Jesus o primeiro a ganhar presentes no Natal. Deram a Ele ouro, incenso e birra.

A igreja riu, e o pastor soprou para mim o nome, de sua cadeira atrás de mim: *mirra*.

– Ouro, incenso e... uma coisa boa! Vocês é que têm de dar presente pra Jesus no aniversário dele. E Jesus pergunta pra você no Natal: o que você me trouxe de aniversário? Não precisa ser ouro, incenso e uma coisa boa, pode ser ter Jesus no coração.

Olhei para o pastor para saber como estava indo e em seu rosto vi expressão divertida.

– Vocês têm Jesus no coração? Então! É o presente de Natal para Jesus... e... é só isso mesmo!... Vou cantar! Peguem a Harpa Cristã, o hino 187.

Escolhi para cantar a música favorita de meu avô. Um hino solene e funesto, que não tinha absolutamente nenhuma relação com o que eu havia acabado de dizer. Dizem – ou diz o filme de James Cameron – que essa música foi tocada no naufrágio do Titanic pela banda:

Mais perto quero estar
Meu Deus de Ti!
Ainda que seja a dor
Que me una a Ti,
Sempre hei de suplicar
Mais perto quero estar
Meu Deus de Ti!

Andando triste aqui
Na solidão

Paz e descanso a mim
Teus braços dão
Nas trevas vou sonhar
Mais perto quero estar
Meu Deus de Ti!

Minh'alma cantará a Ti, Senhor!
E em Betel alçará
Padrão de Amor,
Eu sempre hei de rogar
Mais perto quero estar
Meu Deus de Ti!

E quando Cristo, enfim,
Me vier chamar,
Nos céus, com serafins
Irei morar
Então me alegrarei
Perto de Ti, meu Rei,
Perto de Ti, meu Rei,
Meu Deus de Ti!

A pregação havia sido um sucesso, mas o hino provocou risadinhas oblíquas. Eu cantava mal, muito mal. Mas isso só fui aceitar aos 21 anos, quando quis juntar uma banda.

– Palmas para Jesus!

E as palmas foram efusivas, talvez um pouquinho demais, talvez um pouquinho de ironia. Ignorei o humor dos adultos: da minha parte, estava eufórico como um atleta em fim de partida vencida. Era a coisa mais importante de minha vida. Desci agradecendo a Jesus e tagarelando com Ele, como se Ele estivesse me dando tapinhas nos ombros.

O *nerd* do teclado Casio subiu para falar a seguir. Ele disse que achou muito inspirador uma criança ter fé dessa forma, que havia sido bonitinho, mas Jesus não nasceu em dezembro. Essa data foi modificada pela Igreja Católica para acobertar um feriado pagão. Jesus nasceu em abril.

Sujeito profundamente chato.

--

No fim da terceira série, ganhei uma passagem de avião e meu irmão, uma surra. Ele havia sido reprovado no primeiro ano. Eu havia tirado A em todas as matérias (as notas eram em conceitos, de A a E). Pelos três anos seguintes, eu ganharia presentes memoráveis e ele, cintadas inesquecíveis.

O voo saía de Guarulhos à tarde. Colocaram em mim uma espécie de babador de plástico, um saco retangular pendurado no pescoço com os documentos visíveis através de uma película. Meus pais só podiam me acompanhar até o *check-in*. A partir de então precisava seguir com alguém da tripulação. Sentindo-me um astronauta-mirim, despedi-me de meu pai, minha mãe e do irmão de cara amarrada. Daí, atravessei o detector de metais e fui conduzido até a sala de espera por uma comissária loira. Na TV, passava o Cassino do Chacrinha, programa do qual nunca entendi bem a graça. A comissária perguntou o que eu queria e pedi guaraná. Era o que se parecia com o uísque dos adultos.

O Chacrinha e o guaraná duraram pouco, o voo já ia decolar. A comissária me levou até o *lobby*, a ponte de embarque. Descemos pelo tubo acarpetado até a porta do avião, e lá dentro me puseram numa cadeira na janela. Ela se certificou de que eu havia prendido o cinto de segurança e se afastou. Peguei o livrinho de instruções, com seus desenhos toscos, com instruções sobre como proceder em caso de aterrissagem de emergência, baixando a cabeça e abraçando as pernas. Nada novo, havia visto isso no filme *Apertem os cintos, o piloto sumiu!*

As comissárias começaram a apresentar os procedimentos de segurança, avisar das máscaras que caem, tudo o que eu já havia lido no manual. Por fim, elas sumiram e o avião começou a se mover até a cabeceira da pista. Após nos alinharmos, senti então o impacto da aceleração e dei um grito de caubói:

– Iiiiirra!

E São Paulo começou a se afastar na diagonal. Nos primeiros dois segundos, como um brinquedo de parque de diversões, depois, da altura de um prédio e, logo, alto demais para ser qualquer coisa com que eu pudesse comparar. Atravessamos as nuvens, era um dia nublado, por um instante a janela ficou branca e quente. Então saímos por cima das nuvens e nos afastamos bem mais ainda, até que formassem um mar de algodão lá abaixo.

Disse a Deus que era tudo muito lindo e muito legal, mas soube que uma coisa era certa: ninguém poderia se sentar numa nuvem. De perto, perdiam sua solidez de algodão para se tornar transparentes, parecendo cavernas que revelam abismos até onde não se vê, lá embaixo.

Uma comissária de meia-idade tirou-me do transe nefelibata. Perguntou se eu queria ver a cabine. Tinha cara de coisa de criança, e eu não era criança. Mas também não disse não.

Vi instrumentos, um monte deles, o piloto, o copiloto e o capitão. A comissária disse a eles que eu queria ser piloto, e eu queria mesmo, mas isso foi até dois anos atrás. Agora queria ser cientista. Menti, não iria magoá-los: quero sim. Tanta coisa aqui, né? Vocês não esquecem o que é cada uma? Sério que não precisa fazer nada enquanto está no ar?

Logo voltei para o assento, pedindo desculpas a Deus por mentir, e já serviam um bolo e refrigerante. Não foram mais de 35 minutos no ar, dez minutos depois de estar falando com os pilotos, já estava sendo recebido por minha tia Célia no saguão do aeroporto. Ao menos agora eu podia dizer, com ar de enfado, quando perguntavam como é voar:

– Normal.

Minha mãe e meu irmão chegaram de ônibus e hospedaram-se comigo na casa de uma tia rica, Célia, que tinha hidromassagem. Eu, que havia viajado de avião, já tinha tomado banho na hidro – não havia mais para onde subir na vida.

À noite, minha mãe levou a mim e meu irmão a uma festa de um parente de segundo grau. Ela explicava que eu era "pastorzinho", e havia uma irreverência em seu jeito de dizer isso que me ofendia.

A festa era na casa de umas tias de segundo grau que não conhecia e, mesmo tendo-as visto novamente depois disso, continuo sem conhecer. Era uma casa escura, num bairro esquisito. Na parede, havia um quadro com uma ilustração da Arca de Noé, um navio obeso como um zepelim, visto muito ao longe, ameaçando o mundo com o dilúvio que viria. Havia tortas com gosto de peixe, que talvez fossem mesmo de peixe.

Falei às tias alguma coisa qualquer sobre a Arca de Noé, não lembro mais o quê, e disseram que eu era "superdotado". Disso eu não esqueci. Se fosse um filme, eu teria um laboratório e produziria minha própria nave espacial aos dez anos, ou então uma arma a *laser*, ou sequestraria um avião militar. Mas, na minha vida de *prodígio* infantil, restou-me ser pastorzinho.

As tias queriam que eu pregasse, para mostrar como era. Recusei. Disse que aquilo era coisa muito, muito séria.

—

Nas férias de 1988, acharam por bem que eu passasse alguns de meus dias de Curitiba na casa do tio Nadir e tia Olga. A tia é irmã de meu pai, e o marido dela é... estranho.

Uma figura muito desagradável, o Nadir. Atarracado, forte e bruto, cara de buldogue, peludo como gorila, carisma de crocodilo. Uma espécie de ogro. A simples menção do nome dele deixava todos em silêncio constrangedor, como se guardassem algum segredo. Sua presença dissolvia o espírito de qualquer festa em família, ninguém era capaz de rir até ele virar as costas. Nadir se achava o único crente de verdade, o único que seguia a doutrina como se deve, numa época de frouxidão. Era brutalmente severo com suas crianças e não hesitava em estapeá-las na frente de todo o mundo.

Tinha quatro filhos – três meninas e um menino muito novo, com quatro anos nessa época. A mais velha, Selma, regulava de idade comigo; as outras duas, Laila e Renata, faziam uma escadinha com um ano e um pouco mais de diferença entre uma e outra. O moleque se chamava Nadir Júnior. Eu me entrosei rápido com as moças, mas o homem exibia seus dentes cada vez que parecíamos estar nos divertindo. Rir era a porta para o pecado.

Nadir não tinha televisão em casa, apenas discos, livros e revistas da igreja. Trabalhava como executivo de uma empresa que fabricava objetos plásticos para escritório e assim a casa também era cheia de geringonças coloridas, como canetas, quebra-cabeças e lâmpadas decorativas, cujo filamento imitava uma espécie de bailarina. Tudo o que havia para fazer naquela casa era ouvir discos de histórias da Bíblia e conversar – a hora de dormir era oito da noite.

Certa noite, para continuar a conversa, dei a ideia de ir dormir no quarto com as três primas. Nadir reagiu como se eu tivesse sugerido uma orgia:

– Você está maluco, moleque? Não sei que educação dão na sua casa, mas aqui isso não existe.

Fui dormir então no chão do quarto do menino, que era muito novinho para ter assunto. Fiquei lendo aqueles livrinhos mal-ilustrados da Bíblia, mas Nadir me fez desligar a luz dez minutos depois.

No café da manhã descobri que Nadir não controlava apenas os horários mas também o que e quanto seus filhos comiam. A mesa não era um lugar de tranquilidade, mas uma sala de pequenas torturas. Numa espécie de síndrome de Estocolmo, as três filhas de Nadir haviam desenvolvido gosto por comer cebola crua. Como aquelas pessoas em programas de TV que são hipnotizadas para achar que cebolas são maçãs, elas davam bocadas decididas nas cebolas.

Nadir também não fazia qualquer segredo de seus métodos disciplinares, que demonstrava na frente de qualquer um. Eu havia apanhado de cinta algumas vezes na vida – poucas, dava para contar nas mãos. Mas ele preferia tapa na boca ou soco na cabeça. À tarde, a mais nova quebrou um vaso, levou um cascudo, chorou e ganhou um tapa na boca.

Nadir fazia pouco-caso de minha igreja exótica. Por isso me encaixou numa aula da escola dominical da Assembleia de Deus central de Curitiba, que as meninas já frequentavam. O tema da única aula a que assisti foi uma daquelas histórias sanguinolentas e cheias de areia, do Velho Testamento, não me lembro de qual. No mesmo domingo, no culto à noite, ele tratava de ameaçar com os olhos para que não conversássemos nem balançássemos as pernas. Tomou seu pão e copinho de vinho da ceia, limpo, puro, santarrão. Na saída notei que sua voz, grave com a família, se afinava duas oitavas ao falar com outros homens na igreja. Para eles, era um cordeirinho de Cristo.

--

Durante a madrugada de segunda, as meninas bateram na porta do quarto. Havia uma aparição na rua. Da janela enorme da sala, dava para ver a silhueta movendo-se na escuridão, a cerca de cinquenta metros. Era uma moça andando atabalhoadamente, arrastando-se e escorando-se de poste em poste.

– O que ela está fazendo?

– É uma drogada! – sentenciei, como juiz de filme.

E me senti muito conhecedor do mundo duro dos adultos, da vida nas ruas, ao dizer aquilo. Ficamos conversando a respeito de pessoas drogadas, o que acontece quando você resolve não ser crente. Nadir não acordou para pô-las na cama aos bofetões, conforme eu temia que acontecesse.

--

O ano terminou na casa-igreja de meu avô. O pastor Rubens não estava mais feliz comigo.

– Você até o ano passado era humilde e tinha fé. Agora, está mudado. Você por acaso acha que é pastor agora? Isso é uma piada; estão estragando você. Agora eu vejo aqui um pirralho orgulhoso. Tem nove anos e acha que sabe tudo. Isso é um pecado. Você quer aprender alguma coisa, precisa ser humilde. Precisa aceitar que não sabe ainda.

Para que eu aprendesse, ele me deu de presente um exemplar de *A Bíblia na linguagem de hoje*. Não é a versão atualizada, que corrige a gramática e substitui alguns termos, mas uma versão totalmente nova, em que o "Em Verdade vos digo" vira "Eu afirmo a vocês que isto é verdade". Li o Gênesis na viagem de volta, mas os livros seguintes pareciam menos empolgantes, então pulei para o Novo Testamento.

—

No verão de 1988, estávamos de volta a São Paulo. O Clube dos Subtenentes e dos Sargentos do II Exército era aberto a não militares e tínhamos um título. Eram três piscinas: a poça d'água para criancinhas, a média, que dava pé, e a funda, de uns dois metros e meio.

Desde os últimos dois anos, a mãe nos levava lá, e tive algumas aulas de natação. Já mergulhava na piscina funda, e havia tocado a grade do ralo, mesmo depois de os adultos terem me dito que eu podia acabar preso lá. Fazia pelo desafio, como aqueles que saltam de moto por círculos de fogo. Jesus era meu amuleto.

Um dia desses, como qualquer outro, em que minha mãe ficava fritando ao sol a tarde inteira e meu irmão brincava na piscina de criancinhas, imaginei outra façanha heroica. Eu iria correndo até a piscina, daria um salto mortal e dali entraria com os pés juntos na água, espalhando poderosamente a água para todos os lados, como um atleta olímpico.

Postei-me a dez metros da borda da piscina, murmurei "Jesus" e comecei a correr. Atirei-me com as duas mãos ao chão, meu corpo girou em torno desse eixo e... bati com toda a força as costas na borda e fui escorregando, semidesacordado, para o fundo.

De baixo, olhava a superfície tremulando, uma fronteira dividindo dimensões, como a que separa o Paraíso e o mundo. Eu tinha uma ideia do que estava acontecendo, mas não me ocorria qualquer impulso de reagir, de sair da água. Muitas formas de morrer seria então água? Deus, por algum motivo qualquer, quer um moleque orgulhoso a menos no mundo. Talvez porque assim eu fosse antes que pudesse cair em pecado de verdade, o dos adultos. Sem causar desgosto a Ele, tão cedo, inocente demais ainda até para haver me batizado.

Acima, as ondas moviam-se tranquilas, como anunciando nuvens metafóricas do céu interdimensional.

Jesus...

Céu...

Morri?

A prece delirante foi interrompida por minha mãe e depois pelo salva-vidas. Eu quase nunca via minha mãe tão exasperada assim, e estar deitado nas pernas dela com ela achando que eu ia morrer me deixou... feliz.

Até que ela notou que eu não estava morrendo coisa nenhuma.

– Gordo não é atleta. Não é assim que se faz pra mergulhar. Você pula é de ponta, e na funda, não na média.

––

Subi ao púlpito novamente com a Bíblia de vanguarda que meu avô havia me dado.

– Queria que vocês abrissem a Bíblia em Mateus, 14 e 24.

24. Naquele momento o barco já estava no meio do lago. E as ondas batiam com força na embarcação porque o vento soprava contra ela. **25.** Já de madrugada, entre as três e as seis horas, Jesus foi até lá, andando em cima da água. (Bíblia *na linguagem de hoje*)

Fui interrompido pelo burburinho na igreja. Não conseguiam acompanhar a leitura pela minha Bíblia *na linguagem de hoje*, tudo muito diferente. O pastor Oseias pediu que eu prosseguisse sozinho.

26. Quando os discípulos viram Jesus andando em cima da água, ficaram apavorados e exclamaram: – É um fantasma! E gritaram de medo. **27.** Nesse instante Jesus disse: – Coragem! Sou eu! Não tenham medo! **28.** Então Pedro disse: – Se é o senhor mesmo, mande que eu vá andando em cima da água até onde o senhor

está. 29. – Venha! – respondeu Jesus. Pedro saiu do barco e começou a andar em cima da água, em direção a Jesus. 30. Porém, quando sentiu a força do vento, ficou com medo e começou a afundar. Então gritou: – Socorro, Senhor! 31. Imediatamente Jesus estendeu a mão, segurou e disse: – Como é pequena a sua fé! Por que você duvidou?

– Eu bati de costas na borda da piscina e quase morri afogado ontem. Acho que Jesus queria testar alguma coisa, mas agora estou vivo aqui para vocês verem. Se vocês tiverem fé de verdade, podem andar em cima da água, não é só Jesus quem pode. Podem fazer até mais que ele. Podem até voar ou ir para o espaço. Lá em cima é tudo muito branco, mas Deus está depois disso. Mas é preciso ter fé, que não é pouca. Aí você faz milagre.

Olhei a igreja buscando alguma confirmação visual de como estava indo.

– Então acho que fui salvo por Jesus de morrer afogado! Minha mãe e o salva-vidas também, mas Jesus pôs eles lá. Aleluia!

– ...

– Digam aleluia!

– Aleluia!

– Vou cantar...

Risos.

—

Era domingo, um anoitecer de céu alaranjado, aqueles dias de verão em que as formigas voam e infestam as casas. O pastor ainda não havia chegado, meu pai e minha mãe e mais uns três estavam próximo do púlpito, onde as pessoas se juntavam para socializar antes do culto. Logo que o pastor chegava, fazia uma oração pessoal àqueles que estavam ali. Ele parecia ter grande prazer em untar ("ungir") a testa dos crentes com azeite de oliva. Eu me sentava no primeiro banco, meu irmão logo atrás. Via as formigas subindo estupidamente nas paredes, as tanajuras e os machos magrelos. Havia vezes em que entravam pelo colarinho, na roupa da gente, e grudavam-se no suor, mas não picavam. Era um daqueles dias em que estar vivo é um estorvo, e criaturas de muitas patas formam uma legião tentando destruir, se não os humanos, ao menos sua dignidade.

Nesses dias, as próprias pessoas parecem mais animais. Pensava nas pragas de moscas do Egito, narradas no Gênesis.

Rápido demais para que eu imaginasse qualquer coisa, os adultos passaram a olhar agitados para a porta. E os vi, sem dizer nada, correndo para o fundo. Minha mãe parou em frente ao banco e não deixou nem eu nem meu irmão sairmos do lugar. Não foi medo que tive, mas curiosidade; quis sair, ver o que era, mas minha mãe não me soltava. Perguntei o que estava acontecendo, e ela não disse, fez "Sssh!".

Ouvi três estalos muito altos. Pá... Pá...Pá!, bastante espaçados.

Morando em Osasco, Jardim Rochdale,[3] a um quilômetro e meio de uma favela, eu conhecia de diversas noites aquele estampido seco. Eram tiros, pareciam rojões, a diferença é que vinham espaçados, isolados um do outro. Não aquela coisa interessante dos filmes, tiros de verdade, do tipo que mata também os mocinhos.

Os adultos não diziam nada, apenas continuavam com os olhos fora das órbitas em direção à porta. Dois minutos levou até que seus músculos destravassem e conseguissem voltar a andar e a falar : "assalto", "ladrão", "maloqueiro", "dois". O pastor Oseias apareceu à porta vestido com sua batina branca:

– Aqui esses vagabundos não voltam.

Havia expulsado os ladrões com um revólver, e provavelmente a munição que ele mesmo fez.

—

Meu pai é um racista. Não racista no grau Ku-Klux-Klan,[4] mas do gênero que diz "serviço de preto".

Isso, apesar de seu apelido de infância ser "preto", por ser o mais escuro da família, nesses arranjos genéticos brasileiros em que alguns irmãos são *brancos*, outros *pardos*. Meu pai é *pardo*, todo o resto da família é branco. O avô pastor dizia que os avós dele eram portugueses, enquanto minha avó tem um pai espanhol e uma mãe mestiça.

Não sei se aprendi pela escola, enciclopédia ou televisão que racismo é errado, mas sabia que era. Então, num culto na varanda de casa, fui perguntar ao pastor Oseias.

– Pastor, meu pai diz que preto parece macaco. Racismo é pecado?

3 Curiosidade: o nome vem da cidade inglesa de Rochdale, perto de Manchester (pronuncia-se "roxideil").

4 Sociedade racista dos Estados Unidos.

– Macaco, não. Preto é filho do Cão!

– Como é que é?

– Cão, Sem e Jafé – os três filhos de Noé. Depois de descerem da arca, Noé ficou bêbado e começou a dançar pelado. Sem e Jafé foram lá cobrir o pai, mas Cão achou tudo muito engraçado. Quando Noé acordou no outro dia, ficou muito bravo e jogou uma maldição no filho. Daí Cão virou preto, e é o pai de todos os pretos.

O quase loiro pastor Oseias era cearense, com aquelas feições duras, talhadas em madeira e sol que muitos cearenses brancos têm. Já conhecia essa história, eu a havia lido no Gênesis, mas não havia me ocorrido que servia como justificativa para não se tratar racismo como pecado e os negros como uma maldição que vinha desde Noé. Não achei muito cristã essa explicação. Como no desenho, aquele Mestre dos Magos tinha algumas surpresas ruins.

--

Em 1988, foi lançada a revista *Superinteressante*, e eu comprei a primeira edição. Era a revista que um candidato a cientista deveria ler. A capa falava de supercondutores e como tornariam possíveis os trens Maglev, que flutuam sobre trilhos. Entendi que os trens flutuavam por ímãs, mas o resto era além de minha capacidade. No fim, havia quebra-cabeças, também muito complicados para mim, e uma coluna falando de matemática.

Na terceira edição, meu pai parou de comprar. Notou que havia uma matéria sobre Australopitecos, com a famosa escadinha da evolução, dos macacos até nós. Eu havia lido essa matéria e já formava alguma opinião vaga sobre o assunto, sem acreditar com firmeza em nada. Já achava que o Gênesis não podia ser literal, era muito absurdo para a criação do mundo ter acontecido exatamente como estava escrito ali. Era mais uma metáfora, os sete dias da Criação seriam eras de milhões e milhões de anos. Como dizem os cientistas, também no Gênesis tudo começa na água.

Cheguei a considerar que o mundo teria somente cinco mil e poucos anos, como me dizia meu avô, e que evolução é uma ideia pecaminosa. Mas, aos dez anos, queria saber o que havia por trás dessa ideia, que perturba tanta gente – e me revoltei em silêncio com isso de me impedirem de aprender.

Assim, eu aprenderia. Até porque meu pai é um péssimo censor. Logo comecei a comprar a *Conhecer*, que era meio que uma *Superinteressante* para pré-adolescentes, mais cara e organizada em um fichário.

—

O pastor Oseias nos prometeu que Deus mandaria fogo do céu, e dessa vez era pra valer. Aconteceria numa vigília, isto é, uma noite em claro, passada em orações. Iríamos "orar no monte", na chácara de um membro da igreja, a mesma onde minha mãe havia sido batizada.

Formamos uma carreata para a chácara, e havia convidados. Estavam conosco os tios Sandoval e Lutero. Seguimos as luzes vermelhas uns dos outros, no orvalho da estrada, até a chácara. A noite era quente, de lua cheia. Depois do portão de entrada, subíamos até a casa por uma estrada enlameada, íngreme e sinuosa.

Congregamo-nos em frente à casa da chácara, fizemos um círculo, eu, meu pai, minha mãe, meu irmão, o tio Sandoval, o tio Lutero, o *nerd* do teclado Casio, a ex-endemoniada, o primeiro filho do pastor, o segundo filho do pastor, a mulher do pastor, o pastor, o dono da chácara, a mulher do dono da chácara e outros que eu não conhecia. Orou o pastor:

> Senhor, eis que aqui estamos para Te louvar nesta noite de vigília. Os Teus servos se apresentam para dedicar esta noite à Tua glória e exaltação, esperando os dons do Espírito Santo. Manifesta sobre nós o Teu poder. Rogamos para que faças cair sobre nós o fogo do céu. Em nome de Jesus, amém... Aleluia!

Acendeu a lanterna, e pegamos uma trilha que atravessava um capinzal não muito espesso. O "monte" era uma pequena colina de não mais de vinte metros de desnível em relação à casa. No alto, havia uma clareira, o chão tomado de folhas secas. O pastor, iluminando o espaço com sua lanterna, instruiu todos a se sentarem sobre as folhas. Cada um deveria orar e, desse esforço, nessa noite surgiria fogo do céu.

Era um céu opaco, nublado e sem estrelas. Um tanto úmido para fogo. Eu me sentei e comecei a contar de tudo para Deus, mas pedindo por algo especial. Na clareira, começaram a glossolalia, choro e gritos, que se tornavam um transe por sua repetição cada vez mais intensa.

Eu dizia para Deus o quanto Ele era maravilhoso, o quanto eu O amava, e que, talvez, aquela fosse a hora em que eu pudesse ser batizado no Espírito Santo, por que não? Não está escrito em lugar nenhum que é preciso ser batizado nas águas primeiro. Queria falar línguas estranhas. Deixava minha boca solta enquanto fazia minhas orações, esperando que as palavras se deformassem, como acontecia com os outros, mas não foi então.

Mesmo em meio à devoção toda, alguns paravam às vezes para conversar. Meu tio Lutero era cético em relação ao tal fogo do céu, dizia que não ia acontecer nada. Falei, irritado, que ele tinha pouca fé.

– De pôr café é o bule! – respondeu, numa de suas piadas para quando não havia pavê.

Voltei a orar, chorar, pedir, implorar. Queria algo realmente novo, milagroso, e suplicava de olhos abertos para o céu, em grande expectativa. Gritávamos tanto que era como se Deus fosse responder lá de cima: *Chega! É o suficiente, obrigado!* E insistíamos com Deus que era impreterível que Ele se manifestasse àquela noite.

Muito tempo havia se passado, e o tio cético, junto com outros fracos, já tinha descido para a casa, quando o fogo caiu do céu. Às três e meia da manhã, o pastor Oseias nos acordou do transe para anunciar o milagre, apontando o chão.

No solo, gravetos secos brilhavam numa luz verde pálida, como a dos vaga-lumes. Remexi o chão e pude ver o "fogo" saltando pelas minhas mãos em muitos gravetinhos brilhantes, estrelinhas fosforescentes espalhadas pelo chão, como aquelas que se colam no teto. Achei um pouco herético, uma dúvida pecaminosa, mas enfiei um dos gravetos no bolso para conferir depois.

Dando por concluído o milagre, o pastor fez mais uma roda de oração e nos conduziu para a descida do monte. O graveto brilhou até a casa da chácara, e então a luz não foi mais visível, nem na ocasião, nem em outros dias. Meus pais pareciam satisfeitos. Meu tio Lutero, que havia saído antes, levando meu irmão, não estava convencido. Achava que estávamos alucinando.

--

Meses depois, meu pai comentou o fogo com o tio Nadir. Surpreendentemente para alguém tão carola, ou nem tanto, para alguém que acha que sua igreja é a única verdadeira, ele deu uma explicação científica: o "fogo" era apenas a bioluminescência de bactérias no solo com orvalho. Você pode ver o "fogo" em qualquer praia de madrugada.

Pouco tempo depois do "fogo do céu", meu pai simplesmente parou de frequentar a Exército Celestial e de convidar o pastor Oseias para nossa casa. Meu pai dava explicações muito vagas. Dizia que o clima lá na igreja não estava mais bom.

Tempos depois, saí com meu pai em outras daquelas tardes de acompanhar suas andanças pela cidade. Nesse dia, ele decidiu por bem ver como andava o pastor. Encontramos a garagem onde funcionava a Igreja Evangélica Exército Celestial transformada em uma *bonbonière*. Atrás do balcão, o pastor Oseias – e apenas ele. Sua esposa havia pedido divórcio.

Muitos anos depois, meu pai esclareceu o que houve. A igreja acabou numa intriga de novela das oito.

Oseias era discreto ao pedir dinheiro no culto, mas, como ele havia se tornado íntimo de todos, acabava pedindo pessoalmente, como um amigo que precisa de empréstimo, só que o empréstimo seria para a obra de Deus. Fosse como fosse, ninguém suporta um amigo pidão por muito tempo.

Aconteceu também um escândalo na vida pessoal de Oseias. Sua mulher, Júlia, também era amiga das crentes e comentou que apanhava do marido. A notícia se espalhou rápido e minou a confiança de quase todos.

E há ainda um terceiro detalhe. Júlia tinha certa... queda por meu pai. Minha mãe notava isso, o que ajudava a entender por que seu entusiasmo pela igreja não chegou a ser absoluto. Quando a situação piorou em sua casa, a mulher do pastor buscou ficar cada dia mais próxima do meu pai. Até que confessou seus sentimentos a ele.

– Eu, hein?! Deus me livre daquela desgraça!

Isso meu pai diz hoje; imagino que tenha sido mais cortês ao dar o fora nela. Havia algo de realmente enfático na forma como ele contava isso, como se a "desgraça" o assombrasse ainda hoje. Imagino que a "desgraça" não fosse o pecado do adultério, que esse era um ponto em que seu saldo de santidade sempre esteve devedor. Nem tampouco o aspecto da mulher do pastor, que não era nenhuma beldade, mas certamente não estava abaixo de sua categoria. A "desgraça" era bem mais objetiva que isso.

Lembrando o começo, o pastor Oseias andava armado.

COMO DEIXEI DE SER CRENTE Nº 2: não existe Igreja Pentecostal

Os pentecostais identificam o batismo no Espírito Santo com a primeira vez que alguém fala línguas estranhas, o que é chamado glossolalia. Isso significa vivenciar uma experiência similar ao Pentecostes bíblico, em que os apóstolos falaram línguas estranhas. É um evento tão fundamental na vida dessas igrejas que é disso que deriva o nome "pentecostal".

Ser batizado no Espírito Santo é um momento muito aguardado para o crente. Pode acontecer a qualquer instante, geralmente numa oração fervorosa, dentro ou fora da igreja, quando alguém nota que está falando línguas estranhas. Quem foi batizado no Espírito Santo pode se tornar também capaz de realizar milagres, como imposição de mãos, expulsar demônios, profetizar – mas falar línguas é pré-requisito, sinal de que o batismo já aconteceu. Assim, é como passar para a vida adulta dentro da igreja, um evento de iniciação.

No entanto, a glossolalia dos pentecostais não parece ter qualquer semelhança com o que está narrado na Bíblia. Vejamos em Atos, capítulo 2:

1. Ao cumprir-se o dia de Pentecostes, estavam todos reunidos no mesmo lugar.
2. De repente veio do céu um ruído, como que de um vento impetuoso, e encheu toda a casa onde estavam sentados.
3. E lhes apareceram umas línguas como que de fogo, que se distribuíam, e sobre cada um deles pousou uma.
4. E todos ficaram cheios do Espírito Santo, e começaram a falar noutras línguas, conforme o Espírito lhes concedia que falassem.
5. Habitavam então em Jerusalém judeus, homens piedosos, de todas as nações que há debaixo do céu.
6. Ouvindo-se, pois, aquele ruído, ajuntou-se a multidão; e estava confusa, porque cada um os ouvia falar na sua própria língua.
7. E todos pasmavam e se admiravam, dizendo uns aos outros: Pois quê! Não são galileus todos esses que estão falando?
8. Como é, pois, que os ouvimos falar cada um na própria língua em que nascemos?
9. Nós, partos, medos e elamitas; e os que habitamos a Mesopotâmia, a Judeia e a Capadócia, o Ponto e a Ásia,
10. a Frígia e a Panfília, o Egito e as partes da Líbia próximas a Cirene, e forasteiros romanos, tanto judeus como prosélitos,
11. cretenses e árabes – ouvimo-los em nossas línguas, falar das grandezas de Deus.

Como podemos ver, o milagre de Pentecostes diz que os primeiros cristãos falaram línguas humanas, que foram reconhecidas por outros. Se uma pessoa, na igreja, que nunca houvesse lido ou ouvido nada de russo se pusesse a falar russo, e um russo na igreja entendesse tudo, aí faria sentido dizer que há um milagre como em Pentecostes – e que essa é uma Igreja Pentecostal.

De maneira alguma, no entanto, a Bíblia afirma que em Pentecostes os apóstolos falaram a "língua dos anjos", que é aquilo com que os pentecostais identificam sua glossolalia. A "língua dos anjos" é mencionada na Bíblia em apenas um versículo famoso, do apóstolo Paulo. Em I Coríntios, 13:1:

Ainda que eu falasse as línguas dos homens e dos anjos, e não tivesse amor, seria como o metal que soa ou como o sino que tine.

O verso é altamente poético e não parece relacionado a *Pentecostes*, evento do qual Paulo não tomou parte. Note-se, mesmo assim, que Paulo diz "ainda que eu falasse", isto é, ele está afirmando que não fala a língua dos anjos, e também as das pessoas (estrangeiras, fica subentendido). O apóstolo, portanto, não era capaz nem da glossolalia conforme narrado em *Pentecostes*, nem da suposta glossolalia pentecostal moderna. Isto é, ninguém menos que Paulo, o provável responsável pela conversão de todo o Império Romano, não falava línguas estranhas. Portanto, a se levar a sério os pentecostais, Deus recusou ao maior apóstolo de todos batizá-lo "no Espírito Santo", e esse mesmo Deus dá, hoje em dia, esse dom a qualquer crente vulgar, espancador de mulheres.

A questão foi estudada pela ciência. Em seu livro de 1972, *Tongues of men and angels* (*Línguas de homens e anjos*), o linguista canadense W. J. Samarim provou que a glossolalia não é uma língua de verdade. Ela não tem sintaxe gramatical de qualquer tipo, seu vocabulário é de apenas umas duas dezenas de palavras.

Alguém poderia dizer que, por ser a língua dos anjos, é normal que a glossolalia não tenha sintaxe humana. Acontece que também teríamos de admitir que existem muitas línguas dos anjos. Samarim também descobriu que essas palavras mudam completamente conforme a língua de quem fala, e os sons sempre se parecem com os da fala nativa. Ou seja, um pentecostal falando línguas estranhas nos Estados Unidos usa palavras completamente diferentes de outro que fala essa língua na Coreia do Sul ou no Brasil.

Faça o teste você mesmo: veja um culto americano e preste atenção às línguas; depois, compare-as com o que é ouvido nas igrejas do Brasil. Pode ser no YouTube.

Não só os anjos falam uma língua em cada país, como sua língua muda rapidamente ao longo dos anos. Meu tio Isaque é o único cético na família, além de eu mesmo. Ele me contou que o som da língua estranha mudou muito desde os anos de 1960, quando meu avô começou a ser pastor. Então, soava mais como "Salalai". Vendo as igrejas hoje em dia, parece-me que o "surimicanta" aqui mencionado também já saiu de moda.

A suposta "língua dos anjos" é o que ocorre quando se articulam sons aleatoriamente, num momento de grande excitação. Não chega nem mesmo a ser um idioma fictício, como o klingon ou o élfico – esses têm sintaxe, e não são diferentes em cada país ou época. É certamente resultado do fervor religioso, mas é um resultado físico, como o suor na testa do pastor, que não guarda qualquer mistério. Quinze anos após ter deixado a igreja, ainda posso falar línguas estranhas a quem pedir.

Ainda que tivesse sido milagre e fosse mencionado na Bíblia, certamente não foi o que aconteceu em Pentecostes, portanto devo concluir que não existe Igreja Pentecostal. Ao menos até que se tenha notícia de alguém em Franco da Rocha falando sânscrito – então teríamos a primeira Igreja Pentecostal do mundo.

PARTE 2:

UM TÚNEL PARA MARTE

31. O sol se converterá em trevas, e a lua em sangue, antes que venha o grande e terrível dia do SENHOR.

(Joel, 2:31)

A NAVE CRUZA A IONOSFERA quando percebe que está presa na sala. Ouve a voz feminina, segura e autoritária, que vem do aparelho na parede: "Dispa-se e espere". Anda em direção ao comunicador e ensaia uma pergunta, antes da qual recebe novamente a ordem, ainda mais imperativa:

– Tire a roupa e fique parado. Longe da parede.

Entra diligente e intrigado, obedece. Então uma mulher esguia, de cabelos pretos e olhos azuis, entra pela porta automática de metal. Vestida com um uniforme branco cuja gola vai até o pescoço, essa mulher pega um instrumento metálico do qual sai uma luz azul e se põe a analisar seu membro.

– Ah, aqui está um belo exemplar de macho terrestre! Vai servir bem ao nosso propósito: salvar nosso planeta da extinção.

E então, de tão encantada, ela se põe de joelhos e aproxima sua boca à virilha do candidato terráqueo, e...

E, aos doze anos, o abduzido não ia muito além disso, era o suficiente para terminar na almofada, por cima das roupas.

– Senhor, desculpe, não deu desta vez, não aguentei. Me dê forças para parar com isso.

––

Vamos voltar quatro anos no tempo, antes da igreja do pastor Oseias.

– Pai, o que é "furunfar"?

– Namorar.

"Furunfar" era uma gíria dos anos de 1980 para sexo.

– Ah... entendi...

A explicação então me pareceu suficiente, mas o pai achou que já era hora, e encarregou um amigo seu de explicar em detalhes. "José é meio putanheiro, melhor do que eu para explicar isso", justificou-se anos depois.

José, esse amigo, eu conhecia desde sempre. Era beberrão, de cachaça mesmo, suava álcool com limão, tinha dentes ruins e uma doença de pele havia estragado seu cabelo, abrindo círculos pelados na cabeça, como um cachorro abandonado. Um dia, estava vendo TV na casa dele quando falou que queria conversar.

– Seu pai me pediu para te explicar o que é "furunfar". É como são feitos os bebês. O homem põe a semente na mulher.

– Dãhr, isso meu pai já falou. Compra na farmácia, não é?

– Não, não compra na farmácia. Você acha que os cachorros compram semente na farmácia?

A parte da farmácia eu mesmo havia imaginado. Quando tinha cinco anos, perguntei "como são feitos os bebês" e ouvi meu pai falar da tal "semente". Concluí que era uma pílula que se compra na farmácia. Meu pai achou tão engraçado que deixou que eu acreditasse nisso.

– Bicho é uma coisa, gente é outra.

– Não é, não. E na época que não tinha farmácia? A semente é natural, é feita pelo corpo do homem. O nome certo é espermatozoide. É um bichinho com um rabinho, muito pequeno, só dá pra ver no microscópio. Ele entra na mulher e é ele que faz um nenê na barriga.

– Credo, mas de onde brota isso? Da pele?

– Ele é feito... no saco, e sai do pinto. Então, pra um neném nascer, o homem põe o pinto dentro da vagina e sai o espermatozoide. Daí ela fica grávida. Isso é "furunfar", ou fazer sexo.

– Ah, mentira!!! Seu palhaço!

Faltou o óvulo na explicação, mas em poucos dias notei que era uma explicação superior para tudo o que eu via nos filmes e ouvia das conversas dos adultos. Espalhei a novidade para toda a segunda série. Também não acreditaram de começo.

--

Em 1989, com onze anos, a família continuava tão amiga desse José que meu pai o chamava de "compadre" e sua mulher, Maíra, de "comadre", mesmo nunca tendo sido católico.

O compadre e a comadre haviam estado em alguns cultos caseiros da Exército Celestial, mas não tinham levado a coisa muito a sério. A comadre era uma baiana bastante fiel à umbanda – ou candomblé, eu não sabia diferenciar então. Mesmo na época de "pastorzinho", sempre que chegava na casa deles, era recebido com uma bênção de incenso e rezas afros. Eu sabia o que era aquilo, mas gostava demais dela para recusar, sabia que ela tinha boas intenções, e a sensação física de ser "benzido" com fumaça era agradável. Foi por causa da amizade com ela, suponho, que aconteceu a cena que abre este livro, eu *versus* a mãe de santo.

Maíra também era cleptomaníaca. O filho dela e de José, Márcio, que já então tinha uns quinze anos, possuía brinquedos melhores que os meus, mas não haviam sido comprados – ao menos, era o que minha mãe dizia. Mais de uma vez, fui ao supermercado com Maíra. Ela atacava a seção de frios e pegava salsicha a granel pra comer ali mesmo, e pedia que eu escondesse chocolate embaixo da blusa. Como em relação às outras coisas, eu simplesmente era incapaz de brigar com ela.

José tinha outros pecados. Além de beber, gostava de contar histórias exageradas, falava palavrão e tinha uma coleção de revistas *Playboy*. Quando estávamos em sua casa, ficava mostrando essas revistas ao meu irmão.

Meu pai incentivava. Falava para eu olhar também. Aos onze anos, eu ainda não tinha desejo nenhum, nem fingia ter. Para mim, era apenas aula de anatomia.

Meu irmão pedia para ver mais, e eu tinha certeza de que estava fingindo para agradar. E eu achava uma baita falta de personalidade do Beto. A peça toda era meio cafajeste, incoerente e, claro, pecaminosa. José era o José, mas que raio de crente era meu pai?

Por meio dos livros escolares, da minha minienciclopédia e de revistas, sabia que o desejo chega com a adolescência, por volta dos doze anos. Conhecia a palavra *puberdade* – e achava tudo um tremendo estorvo.

Pareciam ridículas as coisas que os adultos fazem por causa de sexo. Todo adulto excitado parecia meio estúpido, uma coisa de desenho animado, meio

Pepe, Le Gambá[1]. Então, dizia para quem quisesse ouvir que não gostava de meninas – não gostava, não ainda. Mas provavelmente iria começar a gostar uma hora, em breve – e dava um muxoxo entediado.

Isso não me fez nada popular na quinta série.

--

Terminado o primário e entrando na quinta série, meu pai decidiu que era preciso investir em minha educação e matriculou-me numa escola particular. Meu irmão, que já havia repetido duas vezes a primeira série, havia sido transferido antes, pelo motivo oposto. Era no próprio bairro, o Rochdale – isto é, a escola particular que o subúrbio de Osasco podia patrocinar. Um prédio estreito, com apenas uma sala para cada série. No último andar, um salão de cimento queimado fazendo as vezes de pátio. O uniforme era obrigatório, uma camiseta branca e uma calça verde. Eu achava que me faziam parecer mais gordo.

Os quatro anos anteriores haviam sido na Escola Estadual Professora Terezinha Martins Pereira, numa época em que a política era separar as classes entre CDFs e desajustados – e eu ficava no primeiro grupo, na turma A. Foram anos socialmente saudáveis, quando achei minha turma, apesar dos apelidos: baleia, bola, "rolha de poço". Gorducho eu era desde os seis anos, e nessa época pesava 64 quilos para 1,62 metro – quase obeso.

Entrar na escola particular me separou dos amigos que tinha desde a primeira série e, na sala de concreto que era o pátio, não havia como fugir dos alunos das séries mais adiantadas. Eles me fizeram reparar no que minha mãe não percebera ainda: da quinta série em diante, não se usa mais lancheira, nem garrafa térmica, nem pano bordado. Quem usa é mariquinha. E quem usa e diz que não gosta de menina é mariquinha e bicha. E mariquinha e bicha tem de apanhar. Mais ainda se é mariquinha, bicha e gordo.

Em menos de um mês de escola particular, estava convencido de que, no intervalo, um moleque da sétima ia me quebrar os dentes.

Não me lembro de ter me sentido infeliz antes dos onze anos. Houve momentos de me sentir mal, mas não como uma constante, uma vergonha de

1 Personagem dos desenhos da Warner, um gambá francês que passava os episódios perseguindo furiosamente uma gata que, por um acidente com tinta, parecia a ele uma gambá.

estar lá, de estar vivo. Não gostava de ser gordo, é verdade. Piadas na escola, sofria desde sempre. Até então não me parecia que ser gordo me tornasse um rejeito genético subumano, um troço mole, inútil e chorão. Uma massa fofa, frouxa e cor-de-rosa, feita para apanhar. Tinha certeza de que ia apanhar, que não tinha a menor chance na briga.

> Jesus, talvez o Senhor esteja provando minha fé, mas me salve desse idiota. Jesus, eu não quero apanhar, eu não mereço isso. O que eu fiz? Jesus, me ajude, me tire daqui!

Chegou o recreio, subi para o meu destino. O moleque que queria me bater, de cujo nome não me lembro, era loiro, magro e uns dez centímetros mais alto.

– Gordo veadinho, vai apanhar!

– Eu não vou brigar com você. Não quero.

Subiu numa amurada de concreto, que fazia às vezes de banco.

– Não vou fazer nada, não vou brigar.

– Mas eu vou.

Pulou numa voadora, mas foi previsível e eu desviei para o lado. Levantou-se e começou a me empurrar. Baixei os olhos, fiquei imóvel. Orava em silêncio:

> Jesus, faça algo com esse animal. Jesus, não vai deixar Teu servo perder para ele.

Ele deu mais empurrões, deu um tapa em minha orelha. Continuei falando apenas com Jesus. Chorando agora. E os amigos do valente o fizeram parar: "Deixa o coitado, chega!".

– Gordo mole! Não serve nem pra apanhar!

Cuspiu em mim. Só me restou ir ao banheiro me limpar. Olhava no espelho aquela cara rosada e redonda, e ainda não a havia detestado tanto assim como agora. O tapa, que havia amortecido a cara na hora, começava a ser sentido, queimando em minha orelha, agora que era tarde demais para fazer qualquer coisa. Tranquei-me no banheiro e fiquei com a cara enfiada nas mãos até dois minutos depois que haviam descido. Não falei com mais ninguém nesse dia.

Dar a outra face talvez tenha evitado que eu tomasse uma surra, mas multiplicou a humilhação.

—

Com o fim da Exército Celestial, minha fé ficou só minha outra vez. Tinha ainda a Bíblia do Jesus surfista, a "na linguagem de hoje", mas não tinha mais aonde ir. Suponho que meu pai preferiu reavaliar sua situação, se realmente queria continuar a ser evangélico. Minha mãe, eu tinha certeza, não queria.

Em 1989, o muro de Berlim caiu, e isso não significou absolutamente nada dentro de casa ou nas escolas, particular ou pública. Era também o ano de eleições para presidente. Meu pai recortou adesivos das eleições e compôs uma frase, que colou na traseira da caminhonete, uma Saveiro que havia acabado de comprar.

Rollo loCo ob Collor

Engenhosamente, colou um "o" e um "l" para fazer um "d". Em dois dias, só havia a sujeira dos adesivos.

– Tava legal, pai!

– É, mas pensaram que eu ia votar no Lula.

—

Minha mãe tinha outro carro para ela, um fusca azul. Numa tarde, fomos comprar alguma coisa no bairro e, a uns quinze quarteirões de casa, descobri que havia uma Assembleia de Deus.

Assim, numa tarde mormacenta de domingo, pus uma camisa, abotoada meio torta na pança, passei gel no cabelo e me pus na rua. Disse o que ia fazer e ninguém me impediu. Nem me deu carona.

No caminho, no alto do bairro, havia um bambuzal. Imaginava ninjas saltando do bambuzal, porque é o tipo de lugar onde ninjas costumavam aparecer. Eu sempre pensaria em ninjas ali, porque era melhor do que pensar em bandidos no caminho.

A igreja era grande e tinha uma galeria, isto é, uma plateia aberta no mezanino. Foi para onde me dirigi, porque gosto de ver as coisas por cima.

E vi um culto parecido com o do meu avô – severo, carregado, frequentado por crentes idosos, pobres e amarrotados, crentes que se vestiam de crentes. Crentes que tinham a coragem de se isolar da sociedade já a partir do visual, meio que à maneira dos judeus ortodoxos.

Os adultos da Assembleia pareciam curiosos de ver um menino desacompanhado, mas não me perturbaram. Eu cantava com a Harpa Cristã, lia a Bíblia e achava que parecia saber o que estava fazendo. Na Assembleia de Deus, as canções eram solenes e os exorcismos, muito raros. Eu acompanhava tortamente o culto pela minha Bíblia *na linguagem de hoje*. Não lembro sobre o que era o sermão, mas algum convidado contou suas aventuras e alguns milagres modestos que aconteceram com ele. Como Deus o ajudou a sacar o dinheiro do INSS, como perdeu os óculos e os encontrou depois de orar, algo assim. Eu deveria estar entediado, mas não, aquilo era tradição para mim. Era buscar pelo meu avô, minhas origens.

No fim, fui até a frente e me apresentei.

– Oi, pastor, sou neto do pastor Rubens, lá do Paraná, em Palmeira.

– Oi, menino, você veio sozinho? Como é seu nome?

– Sozinho, sim! Fábio.

– Não conheço seu avô, mas que bênção ter você aqui. Seu pai não vem? E sua mãe?

– Ah, acho que ele anda meio desviado. Minha mãe não acredita em nada.

– Que pena, que Deus os abençoe e lhes mostre o caminho.

– É, estão precisando! Então, acho que vou frequentar aqui. Tudo bem?

– Claro. Venha mais perto, deixe eu orar por você.

E, assim, tornei-me membro da Assembleia de Deus por conta própria. Meu avô soube da notícia por telefone. Ficou tão feliz que até pediu para falar comigo. Ele orou por telefone.

––

Implorei para meu pai me tirar do Colégio Cruzeiro do Sul e me pôr de volta entre os meus, na antiga escola pública, o Terezinha. Ele me atendeu, mas me encaixaram na 5ª C, onde quase todo o mundo havia sido reprovado pelo menos em dois anos. Nenhum dos colegas do primário estava lá.

– Mãe, querem me bater de novo.

– Mas você não pode deixar, você tem de bater primeiro!

– Eles são maiores, mais velhos e favelados!

– Ele pode ser grande, mas não é dois!

Eu disse:

– "São"! São vários! Eu é que tô sozinho!

– Então arranje alguém para te ajudar. Não pode deixar assim. Se deixar, piora.

– Mas eu vou apanhar!

– Mas vai bater também!

Enfrentar a estupidez sendo estúpido... Não sei se o que era mais forte em mim era a ideia de aquilo ser animal demais, baixo demais, ou o puro medo de apanhar. Eu era um pedante, um covarde ou um mártir? Não me sentia capaz de enfrentar os moleques com cara de bandido da 5ª C.

No intervalo em que estava marcado que eu ia apanhar mais uma vez, orei como era de hábito, mas agora decidi falar com a diretora. Parecia-me a coisa certa a se fazer, era como chamar a polícia. Não dava muito certo fora do cinema ser o Charles Bronson.

A diretora ouviu a história, me manteve em sua sala e chamou minha mãe pelo telefone. Conversaram bem uma meia hora antes de ela me levar embora, pelo pátio, sob risadinhas. Eu perguntava mais uma vez a Jesus a razão daquilo. Jesus mais uma vez fez com que eu não apanhasse, mas por que isso não impedia que eu me sentisse um verme?

Em casa, minha mãe não estava compreensiva:

– Ouvi dizer que estão chamando você de florzinha. Sabe o que é isso?

– Não.

– É alguém que gosta de homem.

– Eu não gosto de homem! Não gosto! Não gosto nem de homem nem de mulher! Não sou bicha!

Parou de prestar atenção em mim e começou a olhar em volta, pensativa. Em algum lugar teria de haver uma explicação. Tomou minha bolsa em mãos e a esvaziou. Olhou os cadernos. Não havia florzinhas, corações ou o Pequeno Pônei; havia monstros, coisas de moleque. Fechou e abriu a bolsa, revistou-a por todos os ângulos. Segurou na palma da mão um chaveiro que ficava preso ao zíper e ficou olhando aquilo por uns dois minutos.

– Ai!... O que eu fiz?! É isso aqui o problema.

O chaveiro era um trevo de quatro folhas. Um trevo de espuma plástica cor-de-rosa, que ela havia me dado por achar simpático, e que não se parecia em nada com uma flor – exceto para alguém que nunca viu filme americano para saber o que é um trevo de quatro folhas.

Arrancou aquilo de lá e atirou ao lixo. Fiquei uma semana sem aulas até que conseguiram me pôr na 5ª A, que felizmente era em outro turno, de manhã. No fecho da bolsa, não havia chaveiro nenhum.

—

Quis ser líder. Na quinta série, a professora de Português deu um livro da coleção Vaga-Lume para adaptarmos na forma de uma peça de teatro. Diferentemente de qualquer outro grupo, o nosso tinha diretor – eu.

Havia apenas moleques no grupo, todos visivelmente mais pobres, todos provavelmente filhos de nordestinos. Exatamente como na Assembleia de Deus, e sobre isso considerava minha obrigação cristã não ser preconceituoso como meu pai. Um tipo de condescendência que não deixa de ter seu lado de preconceito.

Os colegas se dedicaram. Um deles, baixinho e magrelo, que morava na favela, trouxe até uma peruca loira para representar seu papel feminino. Era uma história romântica, algo sobre um casal adolescente descobrindo as dificuldades no amor. Devia ser evidente para mim que, interpretada por um bando de moleques de onze anos da escola pública, estaria garantida a mais completa e involuntária hilariedade.

Só que eu, o protestante, o certinho, o que tirava A, o pastorzinho, levei tudo a sério. Religiosamente a sério. Ficamos então de ensaiar na varanda de minha casa. Decorávamos os diálogos do livro, que eu não tomei o cuidado de separar em um roteiro, mas, até aí, nenhum outro grupo fez isso.

O dia chegou, e lá foram seis magrelos periféricos e o gorducho classe-média sem função representar uma história romântica. A cada cena séria, infalivelmente esquecida, espertamente improvisada, os colegas caíam na risada.

Havia uma cena de beijo, e foi corajosamente interpretada pelo baixinho da peruca loira e um comprido, que tinha um bigodinho de leite. Eles mesmos não aguentaram e começaram a rir, e a classe desabou de vez em gargalhadas.

Sem humor para perceber a genialidade dos colegas, mandei parar a peça. Falei que precisávamos de mais tempo para ensaiar. A professora deu ao grupo nota C, que equivalia a 5. Para mim deu E, isto é, zero. Foi o primeiro golpe sério em minha autoestima de "garoto prodígio".

—

Entendi o fracasso na peça de teatro como um aviso de Deus de que meu orgulho estava indo longe demais. Envergonhado, pedi perdão a Ele e à professora, fiz a lição de casa, tirei A e recuperei minha média.

Sempre me senti mais inteligente do que todos os outros, e isso começava em casa. O corpo era uma peça disfuncional, mas minha mente era superior. Meu irmão estava pela terceira vez na primeira série e iria ser reprovado mais uma vez. Havia algo de estranho nele: todos os seus amigos eram crianças pequenas, dois ou até quatro anos mais novas. Minha mãe o levava a psicólogos e psiquiatras, conversavam, aplicavam-lhe testes, faziam encefalogramas. Quando ela voltava, cheia de papéis, aqueles rolos de encefalograma, muitos metros de papel rabiscado como um sismógrafo, eu tentava entender.

– O que os médicos dizem que o Beto tem, mãe?

– Nada... Nada! Eles dizem que ele é preguiçoso.

A resposta frustrava não só a ela. Eu queria ouvir que meu irmão tinha uma síndrome de nome estranho, algo para contar na escola. O pastor Rubens tinha um diagnóstico mais simples:

– Qual dos meninos vem ficar no fim de ano aqui, Davi? O esperto ou o retardado?

Com essa mesma falta de piedade, meu irmão era motivo de chacota entre mim e meus amigos, o centro das piadas de todo o mundo. Isso era pecado, eu sempre pedia perdão a Deus logo em seguida, mas tornava a chamá-lo de retardado vinte minutos depois.

Talvez por isso passei a achar que os *bullies* atuavam como mensageiros de Deus, informando-me de que deveria controlar meu orgulho. Tudo era, afinal, culpa minha.

—

Um dia, eu estava assistindo a um programa modernoso na TV Cultura, em que passava um videoclipe de música francesa.

A moça usava um cabelo preto curto Chanel, e várias coisas coloridas, *pop* e francesas, aconteciam no clipe: faixas voadoras, frutas, sorvetes. A música era cheia de "ai-ai-ai-ai", mas não de um ai-ai-ai pornográfico, mais um popzinho açucarado bastante banal. Um pouco como Lily Allen em francês.

Foi nesse instante que me atingiu uma sensação nova. Um desejo. Passava a existir essa coisa inescapável de querer estar perto, muito perto. De querer fazer alguma coisa. Eu me sentia atraído pela cantora.

Antes disso, como na visita às primas da casa do tio Nadir, havia uma curiosidade pelas moças. Isso beirava a uma excitação, mas ainda não era a coisa real. O primeiro sentimento de desejo apareceu ali, vendo aquela francesa miúda e esquisita.

Acontece que a francesa esquisita era – ou eu achei que fosse – idêntica a uma moça da minha classe, chamada Sílvia. O cabelo era igual. Eu me apaixonei pela primeira vez aos onze anos e meio.

Sem o menor tato ou discrição, sentei-me atrás de sua carteira. Na aula, em pensamento, pedia a Jesus que fizesse com que ela gostasse de mim. Eu olhava para ela, às vezes orando, outras vezes só tomado pela sensação, mas nunca dizendo o que realmente se passava.

Após duas semanas, ela não parecia muito confortável com minha presença, e parou de falar comigo. Por conta disso, finalmente manifestei meu sentimento:

> Sílvia,
> Você não fala mais comigo. O que eu te fiz? Não disse nada. Você se acha melhor que eu?
> Eu te odeio, você é uma vadia.
> Fábio

Dois dias depois, a professora me chamou num canto para que eu explicasse o bilhete. Ela não leu para a classe, mas havia circulado a palavra "vadia", e apontava com uma caneta.

– O que significa isso?

– Eu... eu gostava dela.

– Isso é gostar?

– Não, mas... Ela parou de falar comigo! Por quê?

– Porque ela tem o direito de não querer mais falar com você. Ela não tem obrigação de gostar de você. Não sei se você entende, mas isto aqui é motivo para expulsão. Você vai sentar do outro lado da classe e, se eu vir você falando ou mandando bilhete pra ela de novo, mando você para a diretoria.

Eu não entendi a brutalidade do que havia feito. Não conseguia ver a mim mesmo como algo agressivo – eu era o gordo patético, inofensivo e crente, não um sociopata. Achei que Sílvia não devia ter envolvido a autoridade numa coisa que era para ser pessoal, mas a deixei em paz. Nenhuma menina da classe falou mais comigo até o fim do ano. Os moleques acharam a história engraçada. Disseram que ela era feia.

Desse jeito deplorável, ficava provado que eu gostava de meninas, que não era "veadinho". "Veadinhos" não só apanham na escola como têm uma passagem direto para o Inferno, era o que me diziam. Pedi desculpas a Jesus por chamá-la de "vadia". Pedi desculpas a Sílvia também. Ela não aceitou, e me senti um idiota.

--

Apesar de o zero haver diminuído minha média para B em Português, terminei o ano com um boletim quase tão CDF quanto os anteriores. No fim das aulas, pedi algo a Deus que nunca havia pedido antes.

> Senhor meu Deus, que olha pelo Universo, este ano eu errei. Fui orgulhoso, fiz pouco-caso dos outros. Achei que era muito melhor do que todo o mundo, tentei ser diretor da peça, achei que eu era o bonzão, que estava acima de todos. Não fui humilde. E as pessoas não gostaram de mim, e eu fiquei sozinho, não fiz amigos na escola. Briguei com todo o mundo. Fiquei gamado na Sílvia e a tratei mal.
>
> Então, quero começar de novo, e quero que no ano que vem as coisas sejam diferentes. Vou ser uma pessoa melhor, ter amigos e falar com as pessoas. Quem sabe, arranjo uma namorada... não? E preciso tentar não ficar sozinho no canto, nem arranjar encrenca, para que os moleques deixem de ter vontade de me bater. Quero estar no meio das pessoas, ter amigos. Me ensine a ter amigos. Não vou mais ficar no pátio olhando para os formigueiros pensando em que profundidade está a rainha.
>
> Senhor, meu Deus, diferente deste ano que passou, quero no ano que vem ser normal.

--

Em 1989, meu avô presidia a Assembleia de Deus de Primeiro de Maio, no interior do Paraná. Fomos até lá na Saveiro branca, que tinha uma capota de fibra de vidro. Meu pai jogava um colchão e cobertores atrás, e íamos eu, meu irmão e as malas. A mãe ia com ele na frente. Às vezes, um dos dois batia no vidro traseiro. Era o sinal para nos abaixarmos, que havia posto da polícia rodoviária adiante. Transportar gente numa caminhonete é proibido, e o carro seria apreendido se fôssemos pegos.

– Eles dizem que não pode carregar gente porque não tem cinto de segurança.

– Mas que frescura, pai!

– Pois é! Dirijo há vinte anos e nunca ralei a lataria de ninguém!

Nesse fim de ano foi também a última vez em que vimos o tio Nadir, a tia Olga, as meninas Selma, Laila, Renata e o pirralho Nadir Jr. Eles se mudaram para os Estados Unidos, foram ser ilegais lá, *chicanos*. Nadir, executivo por aqui, passaria a conduzir um carro de *pizza*. Tia Olga se tornaria empregada doméstica.

Ganhei de presente um carrinho de controle remoto. Meu irmão ganhou uma surra. Havia repetido a primeira série pela terceira vez.

––

Em 1990, indo para a sexta série, fui matriculado na Escola Adventista, onde já estudava uma prima minha por parte de mãe, que era, de fato, Adventista do Sétimo dia. Eram os únicos não católicos na família da minha mãe.

Os adventistas eram considerados por nós como *quase* crentes, mas não *exatamente* crentes, já que são membros de uma seita esquisita, embora menos esquisita do que a mais errada de todas, aquela tal Católica Apostólica Romana.

Dos adventistas, eu havia ganhado livrinhos que ensinavam que nosso intestino não é curto e que não temos caninos compridos, como os predadores – portanto, somos naturalmente vegetarianos. Ilustrações comparavam lado a lado nossas gengivas rosadas e dentes quadrados com a bocada roxa e dentes ameaçadores de um tigre. Outras mostravam leões convivendo com cordeiros em jardins floridos, lembrando a época em que, no Éden, os leões eram vegetarianos.

Adventistas são também pioneiros em retratar Jesus de forma mais realista, como um sujeito de traços semitas, pele escura, cabelos curtos e crespos

– mais ou menos como um judeu sefardita. Um jesus meio feioso – caramba, existem galãs árabes e judeus! –, mas o Jesus loiro deve ser mesmo balela, falso como os quadros clássicos que retratam cenas bíblicas em roupas medievais ou renascentistas.

—

A Escola Adventista de Osasco era ainda menor que o colégio particular do Rochdale. E logo notei que todas as refeições na cantina eram vegetarianas. As aulas de Ensino Religioso eram obrigatórias, e, logo nas primeiras, leram o seguinte versículo:

> Acaso, não sabeis que o vosso corpo é santuário do Espírito Santo, que está em vós, o qual tendes da parte de Deus, e que não sois de vós mesmos? (I Coríntios, 6:19)

Ensinam os adventistas que o corpo é *o templo do espírito* e ser vegetariano é mais saudável. Assim, é uma obrigação cristã seguir essa dieta. E também é um jeito de ir se acostumando a como serão as coisas depois que Jesus voltar, já que não haverá mais carnívoros, como era no Jardim do Éden.

Eu tentava imaginar um leão pastando, mas era coisa que não entrava em minha cabeça – e, aliás, tirava toda a graça do bicho poderoso que é o leão.

Uma coisa é verdade: não havia *bullies* na Escola Adventista. Fui recebido como semiconhecido porque minha prima adventista estava na sala. E, na primeira semana, fui eleito como "vice-representante" da classe. O ano começava melhor.

—

Fernando Collor foi eleito em 1990 e, logo no início de seu governo, confiscou o dinheiro, no banco, de todos os brasileiros que tinham acima de cinquenta mil cruzados novos – o que equivale a cerca de quinze mil reais de 2009. Meu pai havia acabado de gastar todas as suas economias comprando uma casa, num bairro muito pior que o nosso, o Jardim Cipava. Ela era velha, feia e cinzenta, mas tinha um quintal grande com um pinheiro de uns treze metros de altura.

Davi sempre acreditou, com a mesma lógica de quem acredita que Deus causa terremotos deliberadamente, só para pinçar um ou outro preferido como sobrevivente, que foi salvo do Plano Collor por intervenção divina.

Foram morar na casa nova de meu pai os parentes pobres, tio Sandoval, tia Iracema e os filhos, Irene, Percival e César. Eu atravessava a cidade sozinho de ônibus para visitá-los. Trepava no pinheiro e ficava conversando com a prima Irene, a que havia visto o Demônio e adorava mentir. Irene era toda errada, mas tinha imaginação. Agora contava histórias de traficantes de drogas, como eram as suas armas.

Um dia, Irene, Percival e César adotaram um filhote de cachorro. Era uma bolinha de pelos preta e branca. Irene dizia ser da raça lulu da pomerânia. Poucos dias depois, Irene estava chorando, quase em choque. A cachorrinha havia morrido de parvovirose – não tinha sido vacinada, não tinham dinheiro para isso, e contavam que o fato de ela ser vira-lata fosse protegê-la. Fizemos um funeral adequado no jardim da casa.

"Senhor, recebe esta... Ah... deixa pra lá."

—

Nunca preguei na Assembleia de Deus do Rochdale. Várias vezes, no fim do culto, pedi ao pastor para me dirigir à igreja, mas ele respondia, com um risinho condescendente, que iria me encaixar num culto de quarta-feira. Parei de insistir. Também porque aquilo me intimidava: a igreja era grande e formal demais, e sempre havia convidados de fora. Além disso, a Bíblia que eu tinha era a "na linguagem de hoje", e eu nem sequer era batizado.

Pedia ao meu pai o dinheiro para a oferta e assim ia para o culto com algumas moedas ou notas, que deixava na sacola de feltro vermelho quando tocava a música de órgão elétrico. Num certo domingo, carregava comigo uma soma um pouco maior. Ia segurando junto do corpo, com medo dos bandidos, pensando nos ninjas do bambuzal. Cheguei seguro e, quando o culto acabou, fui até a entrada da igreja e encontrei o convidado da noite, que havia montado sua barraquinha para vender o disco com seu testemunho, adesivos, Bíblias e harpas.

O testemunho não havia sido muito impressionante: ele havia sido desenganado pelos médicos, recebeu um prazo de vida, mas Deus o curou do câncer. Cura de câncer não me impressionava mais: é uma doença interna, sem lesões na pele que impressionam como a lepra, que faz o ato bíblico de curar leprosos meio que como se Jesus resgatasse alguém da síndrome zumbi. E é também muito comum.

O pastor visitante tinha duas opções de Bíblias: a clássica Bíblia de crente, capa de couro preto e borda rosada, com os livros marcados por recortes; e outra de capa dura e borda dourada e lisa, sem os marcadores. Ambas eram a tradução Almeida, mas a de capa dourada era revisada e atualizada. Não se tratava da versão "na linguagem de hoje", a Bíblia do Jesus surfista, mas uma reedição respeitosa e elegante. Levei essa.[2]

João Ferreira de Almeida foi um protestante português que trabalhou na tradução da Bíblia, desde 1651 até sua morte, em 1691. Sua versão ficou pronta em 1694, terminada por um amigo holandês. Mesmo a Bíblia revisada e atualizada de Almeida é um texto bastante barroco. Ainda assim, sentia necessidade de ler a Bíblia de verdade, não o texto para crianças que meu avô havia me dado.

Não consegui ignorar a semelhança entre o pastor que nos visitava e os vendilhões do templo de Jerusalém. Eles também vendiam objetos de culto, e não coisas fúteis. Ainda assim, Jesus os expulsou a chicotadas.[3] Eu havia colaborado com um vendilhão, mas graças a ele tinha uma Bíblia de verdade.

Botei minha Bíblia debaixo do braço e percorri os quinze quarteirões para casa. Era uma boa sensação esquentar uma Bíblia debaixo do braço, como se o sangue que passasse ali estivesse cruzando um radiador místico. Era também ser um crente de verdade, daqueles clássicos, a Bíblia como um talismã de identidade. Minha tribo.

A Bíblia não havia deixado de dividir minha atenção com livros de ciência. Neles, protozoários viviam num mundo de formas alienígenas, uma versão microscópica do fundo do mar. Chinelos, folhas com olhos, candelabros, melecas pluripotentes e lustres espelhados de disco music existiam apenas ao alcance de quem tinha um microscópio.

Assim, pedi a meu pai e fomos até a USP trazer o *Microlux*, um microscó-

2 Almeida, corrigida e revisada, fiel ao texto original é a versão que usamos neste livro para as citações bíblicas.

3 João 2:13 Estando próxima a Páscoa dos judeus, subiu Jesus para Jerusalém. 14 E encontrou no templo os que vendiam bois, ovelhas e pombas e também os cambistas assentados; 15 tendo feito um azorrague [chicote] de cordas, expulsou todos do templo, bem como as ovelhas e os bois, derramou pelo chão o dinheiro dos cambistas, virou as mesas. 16 e disse aos que vendiam as pombas: Tirai daqui estas coisas; não façais da casa de meu Pai casa de negócio.

pio de plástico bege, também um frasco de azul de metileno e muitas lâminas para preparação – isso eu tinha aprendido a fazer na escola particular. O microscópio aumentava a imagem em duzentas vezes, o que, descobri, não é lá muita coisa. Não sabia onde achar protozoários, então passei a observar cascas de cebola, rolhas, formigas, células da boca, tiradas com um algodão.

Pedi emprestado a minha mãe uma agulha. Preparei uma lâmina e uma contralâmina e estendi o dedo para mim mesmo, com a agulha na outra mão. Vendo-me covarde, hesitante, Inês tomou de mim a agulha e a lâmina. Olhando para minha cara sonsa, furou seu indicador e pingou a gota de sangue na lâmina, que ela mesma cobriu com a placa de acrílico, devolvendo-me com um sorriso de esguelha.

No meu microscópio míope, as hemácias da minha mãe pareciam grãos de areia, minúsculos, minerais, mortos.

--

Eu tinha mais de um amigo na rua além do Patrick. Se este era mais meu fã que amigo, Erick era um rival. Outro que gostava de bancar o cientista, tinha uma criação de ratos brancos, brinquedos de montar, ferroramas e quebra-cabeças de mil peças.

Erick desapareceu. Mudou-se da rua com sua família, sem avisar nada a ninguém. Patrick me explicou que o pai dele havia morrido do coração e minha mãe sugeriu que eu devia visitá-lo, já que ainda morava no bairro.

Sim, eu deveria. Mas não fazia a mínima ideia do que dizer a ele.

--

Fui batizado aos doze anos. Não se batizam crianças pequenas em igrejas Pentecostais, mas minha idade era considerada adequada. Jesus foi batizado já adulto, o que marca o início de sua carreira de messias, mas a idade de maioridade religiosa é mencionada no Novo Testamento. Na prática, vale para os pentecostais mais ou menos a regra dos judeus. Entre eles, as moças fazem seu *Bat Mitzvah* aos doze anos, enquanto os rapazes fazem o *Bar Mitzvah* aos treze. Desconsiderando essa diferença de gênero, doze anos era visto como suficiente.

A sede da Assembleia de Deus de Osasco parecia então um estacionamento convertido, como esses que se veem em programas de tele-evangelistas da madrugada. Não havia culto, apenas uma aglomeração em frente a ela. Mas não era ali que aconteceria o batismo: todas as pessoas da Grande São Paulo se batizavam na Assembleia Central, que realizava eventos massivos, com milhares de fiéis.

Assim, naquele domingo, às oito da manhã, havia em frente à sede local de Osasco meia dúzia de ônibus de linha com o letreiro virado para *Especial*. Entramos eu, minha mãe e um monte de gente num daqueles coletivos velhos, rangedores e desconfortáveis. Seguimos pela Marginal Tietê, até a sede nacional da Assembleia de Deus do Ministério do Belém, que fica no bairro do Belenzinho, na Zona Leste. Minha mãe ficou no ônibus, aguardando, e fui sozinho para a igreja, com uma mochila já preparada.

Fiquei atônito com o tamanho da Assembleia Central de São Paulo. Era, afinal, a sede de minha fé, minha catedral de São Pedro. É um prédio modernista com duas galerias, pé-direito de uns vinte metros e espaço para milhares de pessoas. Mas também a mesma decoração espartana de qualquer Assembleia de Deus: janelas sem cor, bancos simples, ventiladores com cabos passando à vista de todo o mundo. Essa simplicidade pobre era, e me parece que ainda é, vista como prova da pureza dos assembleianos, em contraste com a opulência católica – e também de outras igrejas evangélicas, que sabemos quais são.

O procedimento é muito organizado. Assinei um livro onde constava meu nome e minha congregação, e me puseram um camisolão branco sobre a roupa. Entrei numa fila em que havia quarenta pessoas, todos homens, quase todos adolescentes (não que não houvesse mulheres, mas era outra fila, em nome da decência). E a fila foi seguindo depressa até eu chegar à sala onde acontecia o que era para acontecer.

Num tanque com água na altura do peito, o pastor recebia os que se batizavam. Levava não mais que trinta segundos com cada um. Tudo impessoal, burocrático e eficiente, e assim foi o momento mais importante de minha vida com Deus até então. Desci – orava chorando –, e o pastor perguntou se eu aceitava o batismo em nome de Jesus. Ouviu o "sim" trêmulo, tapou meu nariz com os dedos e me fez descer à água.

Pensava que, ao menos em minha memória, aquele mergulho ficaria registrado como um longo tempo, uma profunda experiência espiritual. Mas já estava de pé, na fila, sem ao menos ter tido tempo de prender a respiração. Segui com minhas lágrimas e preces solitárias, relutando em admitir que aquele batismo em massa não parecia muito correto. Fui então para o vestiário, onde vários outros colocavam roupas secas, também orando e chorando.

Com roupas novas, saí pela nave da igreja, em mais uma fila. Encontrei minha mãe no ônibus e acordei-a. Estava batizado, era assim – zero dívida com Deus, sem pecado, vida nova. Esqueci-me do meu assédio sexual à Sílvia, meus atos de arrogância, minhas noites com amazonas do espaço e de chamar meu irmão de retardado. Até eu pensar na primeira besteira no caminho.

Era um verme mental coçando minha mente de forma irresistível. O pensamento já estava formado, mas eu tentava evitar que se materializasse em palavras. Quis evitar, rangia os dentes, batia na minha própria perna, mas a coisa vinha se aproximando, condensando-se de forma inabalável. Era o Diabo em meus ouvidos, orava a Deus para afastá-lo, orava repetidamente, um mantra "Jesus, Jesus, Jesus". Até que finalmente surgiu:

– Jesus bichinha!

E, pronto, já estava novamente em pecado, como antes, como sempre.

--

No mesmo domingo à noite, na igreja do bairro, tomei minha eucaristia pela primeira vez. Como não existe confissão a um padre, você pode tomar a ceia no mesmo dia que pensou "Jesus bichinha", desde que peça desculpas mentais a Deus. Via ao longe chegando as bandejas com os pequenos cálices vermelhos e o pão rasgado.

Continuava a ser para mim um grande mistério o que sentiam as pessoas ao tomar a comunhão. Perguntava:

– Qual é o gosto?

– O gosto é de pão e suco de uva, é normal.

– Quando se põe na boca, o que acontece?

Tinham vergonha de responder *nada*.

Tomar a comunhão seria como um *power-up* de *video game*, uma carga especial a carregar até o mês seguinte, eu imaginava. Uma pílula de força. E, assim, não mastiguei o pão, apenas o engoli, como um remédio. E, de fato, ainda que não tenha sentido nada fisicamente, senti-me, com esse sagrado placebo, meio que super-herói – um dos ninjas no caminho da igreja.

A pílula me deu forças para a próxima batalha, que era contra os hereges adventistas.

—

O professor de Ensino Religioso era um gordo com jeito efeminado. Não que eu pensasse isso na época, seria uma acusação grave demais para passar por minha cabeça. Mas hoje, quando não vejo nada de mais nisso, penso que, seguramente, o professor era *gay*. Como suas aulas tinham a obrigação de ser ecumênicas, falava muito de filosofia, e nem tanto de religião propriamente dita.

Um dia nos levou ao pátio, pôs uma venda em meus olhos e mandou que eu tapasse um dos ouvidos. Pediu então que alguém em volta estalasse os dedos e eu dissesse de onde vinham os estalos. Não sabia dizer. Segundo ele, isso provava que nossas percepções não correspondem exatamente à realidade. E, assim, a ciência, que é baseada em percepções, podia não ver tudo, e até mesmo a evolução – que aprendíamos com ele mesmo, que era também professor de Ciências – podia ser bobagem.

O professor de Religião e Ciências nos ensinou também o que foi a Reforma Protestante e quem era Johann Sebastian Bach, maior orgulho do protestantismo. Como forma de celebrar Bach, propôs como atividade que a classe dançasse o minueto, de "Minueto e Badinerie". Eu tinha um par.

Minha segunda paixão adolescente foi muito diferente da primeira. Era uma moça da sala, alta, magrela, de pele mais escura e de cabelo curto como Sílvia.

O professor pôs a mim e essa moça, que se chamava Patrícia, para dançar o minueto. Senti o cheiro do pescoço dela e o seu hálito. E toquei sua cintura na dança. E peguei seu pulso. Senti seus seios encostando em meu peito. E então, ela significava agora muito mais que quando o dia havia começado. Por causa disso, tornei-me totalmente incapaz de dizer qualquer coisa. Eu era assim.

—

Estava de novo me tornando socialmente esquisito. Passava o recreio na biblioteca. E lá eu descobri coisas que não têm razão para existir.

Comecei a ler uma enciclopédia sobre teratologia, estudo de aberrações médicas. Pessoas do século XIX, como os gêmeos siameses clássicos Chang e Eng Bunker, que eram ligados pelo peito. Pessoas com quatro pernas, ou um corpo inteiro reduzido, atravessado no abdômen.

Não sei se isso ainda é usado, mas, naquele livro, essas pessoas eram chamadas de "monstros" – e teratologia significava, de fato, em grego, "estudo dos monstros". Um desses "monstros" parecia estar vivo: as gêmeas russas Dasha e Maria (ou Masha) Krivoshlyopova, que também atendiam por *monstro em Y*. De fato, o corpo delas fazia um Y: tinham duas pernas, mas na altura do umbigo o corpo se separava em dois, com dois tórax, quatro braços e duas cabeças – uma cabeça era Dasha e a outra, Masha. Também tinham uma perna adicional que nascia do meio das costas.

O "monstro em Y" aparecia em tristes fotos em preto-e-branco de laboratórios soviéticos, com homens de jaleco muito sérios tomando medidas. Não pareciam ter mãe, pai, cachorro ou qualquer vida. A enciclopédia era dos anos de 1970, então concluí – ou preferi concluir – que estavam mortas.

– Como pode Deus permitir existir uma criatura que é chamada pela própria ciência de "monstro"?

Levei a questão ao professor de Religião, ao pastor, a meu avô e a meu pai. "Deus sabe o que faz", "Deus é misterioso", "Este mundo é um lugar de sofrimento", "Deus testava a fé de seus pais", "Não faço a menor ideia".

Essas respostas não amenizavam em absolutamente nada minha perturbação. Aquilo era algo simplesmente fora da ordem do mundo. Afinal, Jesus havia dito:

> Olhai para as aves do céu, que nem semeiam, nem segam, nem ajuntam em celeiros; e vosso Pai celestial as alimenta. Não tendes vós muito mais valor do que ela?

Como pode o mesmo Deus dizer para nos fiarmos de Sua vontade, que Ele tudo proverá, quando Sua própria vontade pode criar monstros?

Acabei tendo de engolir essa dúvida. Não havia resposta – ou não havia resposta que me fosse permitido pensar –, e aquilo estava me causando pesadelos.

Teria sido pior se existisse internet naquela época; hoje sei que o "monstro" estava vivo, e havia coisas que o livro não contava, provavelmente porque sua única fonte era o próprio governo soviético. Dasha e Maria Krivoshlyopova nasceram em 1950 e foram separadas da mãe, a quem disseram que elas haviam morrido no parto. Tinham apenas um documento de identidade, como "Daria". Passaram até seus vinte anos num instituto de pesquisas, onde eram usadas como cobaia, em experiências como causar dor em uma para ver se a outra sentia. Não receberam educação formal, não viam outras crianças e não tinham roupas, apenas camisolões de hospital.

Viveram seus últimos dias num apartamento cedido pelo governo. Em 2003, aos 53 anos, Dasha morreu de ataque cardíaco, causado por seu alcoolismo. Masha morreu dezessete horas depois.

--

Nunca tive coragem de dizer a Patrícia que gostava dela. Estava abaixo de sua categoria, uma piada, ela riria em meu nariz se eu confessasse a ela o que sentia. Ela era linda; eu era um gordo.

Em 1990, tinha 1,62 e pesava 74 kg. Comecei um regime que consistia em comer só abacaxis, laranjas, bife grelhado e acelga. Deus participava da dieta, mas não esperava que Ele trapaceasse transubstanciando bolo em acelga no meu estômago – esperava apenas que me ajudasse a aguentar a amaldiçoada fome, numa guerra santa contra a gordura. E a caminhar quilômetros de manhã.

A ideia foi do meu pai, que também estava fora de forma. Saíamos antes do amanhecer e passamos a percorrer, ida e volta, o que me parecia ser metade da cidade, entre escapamentos de carros, passarelas que pareciam que iam despencar, uma ponte sobre o rio Tietê e praças abandonadas. Às dez da manhã, estávamos de volta – esfomeados, e Deus tivesse misericórdia de mim para aguentar mais um prato de acelga.

O regime surgiu numa conversa na escola. Patrícia estava por perto:

– Puxa, mas assim você não faz cocô verde? Aliás, quando você faz regime, você faz menos?

Acabei desistindo de dançar o minueto e levei zero. Não mandei nenhum bilhetinho.

--

A cada dia, mais eu achava a Igreja Adventista suspeita. Parecia um produto enlatado dos Estados Unidos, desses que tratam brasileiros como hispânicos genéricos. Tinham toda uma linha de produtos alimentícios feita para seguir sua dieta especial. Seus livros eram, todos, traduções. Os hinos na igreja pareciam saídos de filmes americanos. Pior ainda, a professora de Inglês cantava no culto alguns hinos em espanhol, como quem chega aqui chamando São Paulo de San Pablo e acha que a capital do Brasil é Buenos Aires.

E havia o fato estranhíssimo de que a Igreja Adventista acredita numa profetisa do século 19, Ellen G. White (1827-1915). Chamar alguém tão recente de "profetisa" não parecia certo.

Começava a tentar evitar os cultos, que aconteciam três vezes por semana na igreja acima da escola – de fato, a escola é que era um anexo da igreja, adaptada em algumas salas do andar térreo. Eu me escondia no banheiro, depois voltava para a sala. Fiz isso duas vezes e fui descoberto, e então me mandaram para a diretoria.

– Mas qual é o problema em assistir ao culto, você não é evangélico? Não estamos tentando converter você.

– Sou evangélico, mas minha igreja é diferente. Eu não acredito nas coisas que vocês acreditam, não canto os hinos que vocês cantam.

– Nós fazemos o máximo de esforço para ser tolerantes, não ofendermos a religião dos outros. A aula de Religião não é para convencer ninguém a ser adventista, e o culto da escola não é igual ao culto normal da igreja. Mas esta é a Escola Adventista, e você é quem está entrando como convidado. Consegue entender isso? Não pode respeitar a gente?

– Não... acho que não posso. Meu avô é pastor. Ele diz que vocês são uma seita.

– Sua mãe vai saber disso. O que você está dizendo não é legal... Isso me ofende, ofende a todo o mundo aqui. Isso magoa a gente. Esse não é o espírito da Escola Adventista.

—

Eu não gostava mais da Adventista e a Adventista não gostava de mim. Saí de perto de Patrícia e fui para a parede.

Ficando sob o prédio da igreja, a escola tinha problemas com umidade. A parede estava descascando, soltando areia. Então, peguei um compasso e, por pura falta de ideia melhor, comecei a aumentar o buraco na parede. Assim passava os instantes em que os outros conversavam, quando os professores ainda não haviam chegado. Eles falavam, eu cavava.

Até que alguém ficou curioso:

– Por que você está fazendo esse buraco?

– É um túnel.

– Para onde?

– Para Marte.

Esperava que o *nonsense* descarado seria entendido. Não foi. Eu me tornei a partir daí o *Marciano*, o *Louco*. O que ao menos era novidade em relação a ser chamado de gordo. Isso passou a me dar uma satisfação tortuosa de, mesmo gordo, ser capaz de ter outro apelido, de me fazer notar por algo menos óbvio. Sim, eu seria um extraterrestre – e eles, um bando de parvos, que não entendiam humor autodepreciativo.

Estava decretado meu divórcio da classe. Minha prima também se afastou de mim, não queria prosa com alienígena.

--

Numa tarde como as outras, meu pai parou o carro e, como sempre, conduziu o cachorro pelos quatro metros até o fundo da garagem. Subiu as escadas e topou com meu irmão eufórico, saltitante, querendo dizer uma novidade:

– Pai, pai! O vô Gênio morreu!

Eugênio era o pai da minha mãe. Havíamos recebido a ligação meia hora antes. Ele morrera do coração, e minha mãe, sem dizer palavra sobre isso, já havia me mandado tomar banho e deixado tudo pronto para viajarmos. Em dez minutos, enfiamos colchão, almofadas e cobertores na parte traseira da Saveiro, as malas ao lado. Acomodei-me junto da porta traseira, meu irmão junto da cabine, ambos sentados. Ela bateu no vidro:

– Longe da porta! Se ela abre, você cai!...

– Claro que não, mãe, só se alguém bater atrás. Ou se a gente acelerasse como um foguete!

Ela fez cara de não concordar. Mudei de lado e pegamos a Castelo Branco, pelos 550 quilômetros até Porecatu. Eu me estiquei e abri um livro. Meu irmão, ainda muito excitado com a novidade, ficava feito um *poodle* doido olhando as janelas e mudando de lugar. Às vezes, ouvíamos bater novamente a janela:

– Posto policial, se abaixem!

——

Às 23 horas e 30 minutos, estávamos em Porecatu, na casa de madeira de meus avós. Todo o mundo chorava, mas eu estava mais curioso do que qualquer outra coisa. Meu avô catava papelão numa carroça puxada por cavalo. Baltazar, seu cavalo original, havia morrido havia um ano, e estava usando um substituto do qual eu não soube nem nome nem cara.

Na época, acho que não se considerava catar papel trabalho de indigente, ou pelo menos não era assim que eu via o trabalho do meu avô. Ele havia saído de casa naquela manhã, subiu cem metros de rua, desceu da carroça, sentou-se na calçada e morreu de infarto. "Não sofreu", consolavam-se.

Já encontramos o corpo na sala, no caixão. Havia uma espécie de sorriso misterioso em seu rosto e quatro velas enormes em cada ponta. As mãos muito magras tomavam metade de seu peito, os olhos quase querendo se abrir.

Os adultos sugeriram que eu fosse dormir, mas achei que seria falta de coragem, de respeito. Se eu já havia ficado acordado para ver o Fogo do Céu, por que não honrar meu avô com minha vigília?

Um primo metido a sabido passava a mão sobre o corpo, dizendo que podia sentir o espírito dele indo embora, uma aura. Pus minhas palmas a quinze centímetros do corpo. Notei que sentia alguma coisa, um calor emanando. Estava em dúvida... Meu avô era católico... Será que esse espírito saindo agora estava a caminho do Céu? Era um bom velhinho, meu avô Dom Quixote e seu cavalo magro. Tinha de ser o Céu. Mas, se minha mãe não podia ir por ser católica, ele também não poderia.

– Deus, será que tem como abrir uma exceção para o meu avô?

De tédio, acabei mexendo nas velas, derretendo na chama pedaços que se desprendiam e devolvendo-os à chama. Ficava em silêncio quando os católicos rezavam suas rezas decoradas.

A certa altura, o corpo vomitou um líquido branco. Isso me causou uma náusea violenta, e corri até o banheiro , sem o cuidado de tentar fazer parecer outra coisa. As tias me condenaram com o olhar, mas não tinham forças para dizer nada.

Mais rezas católicas de manhã, e o cortejo saiu da casa para atravessar a cidade num carro, com uma multidão a pé, em volta. Meu avô era muito conhecido, por causa de seu trabalho – pedia papel pela cidade toda, com um cavalo tão magro e velho quanto ele, e havia conquistado a simpatia geral.

Eu não iria chorar porque o choro é uma coisa irracional. Afinal de contas, a morte é decidida por Deus, em sua sabedoria infalível, ainda que misteriosa. Não há nada mais a se fazer, e – é de esperar – o morto está num lugar melhor. O corpo é apenas matéria morta, a pessoa não está mais lá. Não existem fantasmas, apenas demônios, e demônios não podem nada contra quem acredita. Esses rituais não faziam sentido, e aquele choro era inútil.

Nos cem metros da entrada do cemitério à cova, o povo disputou para segurar a alça de seu caixão. O cemitério era de aspecto precário, covas de concreto iguais, pintadas com cal branca, rosa e azul, algumas sem reboco, tristes crucifixos e flores plásticas ilustrando as tumbas menos pobres. A meu avô estava reservada uma caixa de concreto cru.

Os funcionários deixaram o caixão ao lado da vala, indicando que iriam mostrar o corpo uma última vez. Tiraram a tampa, e ele ainda tinha aquele sorriso morto, talvez a rir de nós, travado para sempre como o de uma estátua de cera. Cobriram novamente o caixão e começaram a apertar os parafusos, selando aquele assunto para sempre. Nessa hora, qualquer pensamento meu foi feito mudo pelos choros. Foram tantos que acabei não resistindo, e chorei junto.

Minha avó, no entanto, não deixou escorrer qualquer lágrima. "Adeus, meu velho."

--

Minha mãe decidiu ficar uns dias para consolar-se com a avó. Nos dias que se seguiram, decidi levar adiante meu desdém pela morte. Comecei a andar de bicicleta pelo cemitério de Porecatu, até a sepultura de meu avô. O coveiro me mandou sair duas vezes, mas nem sempre ele estava lá para ver. Queria provar que não tinha medo, que estava protegido por Jesus e que não respeitava medos supersticiosos. Assim, também entrei lá quase chegando a noite, quando o cemitério estava fechando, depois das cinco.

No quarto onde eu dormia sozinho, sonhei que despencava sobre uma sepultura de concreto sem cor, idêntica à de meu avô Eugênio. E a seguir caía novamente sobre a mesma tumba, e infinitamente. Tive esse sonho por três noites.

Não voltei ao cemitério. Pelo visto, meu gesto de desafio não era apreciado por Deus.

--

Depois de declarar *jihad* à Escola Adventista, havia terminado 1990 retornando ao Terezinha, a escola pública. Lá meus antigos amigos já não gostavam muito de mim, porque eu havia virado um moleque de escola particular, indo e vindo, sem fidelidade ao grupo. De modo que, em 1991, eu mudaria de escola pela terceira vez.

E mais uma vez fiz minha prece a Deus por adequação social. Havia momentos de culpar a mim mesmo, como já vimos, mas às vezes eu mudava de ideia e culpava os outros por não ser popular. Na quinta série, achei que a escola era ruim; na sexta, o problema foram as brigas por religião, e também que não entendiam uma piada com alienígenas.

Cansado de minha instabilidade, meu pai decidiu não gastar mais dinheiro comigo. Fui para uma escola pública, mas que era considerada das melhores da cidade. Aceitaram a transferência por causa de minhas notas.

--

Davi descobriu novamente o caminho da igreja, e decidiu-se por uma minúscula congregação com um nome exótico, como lhe era de hábito: Igreja Templo da Nova Jerusalém de Cristo, que ficava em São Paulo, no Rio Pequeno. Deixei a Assembleia de Deus e o acompanhei. Não via nenhum problema nisso, e estava meio cansado daquela burocracia de igreja grande, onde eu não podia pregar.

O pastor da ITNJC era um homem negro e atarracado, com óculos fundo de garrafa, e que usava ternos ensebados de assembleiano. Tinha uma Brasília verde e, em sua cara rasgada de rugas secas e jeito antiquado, me parecia uma Brasília em forma de pessoa. Utilitário, atrasado e sem carisma, mas capaz de levá-lo aonde quisesse chegar.

Enfim, outra igreja minúscula, sem nenhum futuro. Meu pai tinha gosto por ser um evangélico *indie*.

--

Na escola nova, fiz amigos. No começo, era sempre assim. Levava uns dois meses para as coisas começarem a ficar esquisitas.

Fomos em uma excursão ao jardim zoológico, vimos formigas de acrílico, tatus que brincavam com a mochila que os moleques esticavam até a jaula e elefantes sujos de areia. Alguém tinha cerveja. Era um moleque loiro, que tinha ficado meio que meu amigo – não muito, mas o suficiente para oferecer. Tomamos a cerveja atrás do ônibus.

Na segunda-feira seguinte, fui parar na sala da diretora. Aos meus treze anos, pela primeira vez na vida, estava eu no papel de bandido – ir para a diretoria na Adventista tinha sido um ato de fé. E o que eu fiz foi saltar para o lado da Lei: denunciei o colega.

Cheguei próximo do tear, minha mãe parou de mexer o carrinho.

– Mãe, quero mudar de escola. Eles não gostam de mim.

Inês já sabia da cerveja porque teve de assinar os papéis da diretora, e não havia dito nada a respeito disso. Contei sobre minha conversa com a diretora.

– Você foi um dedo-duro!

– Mas é proibido tomar cerveja. A gente é *de menor*.

– Não pode entregar os colegas, isso é traição. Você tá errado!

– A diretora está lá para a gente obedecer, não é? Ela não é o chefe?

– Você não entrega seus amigos. É muito pior que tomar cerveja e ir pra diretoria. E você vai ficar uma semana sem *video game* por causa disso.

O que minha mãe dizia era como se devêssemos conspirar contra a diretora, unir-nos contra ela – um motim. Não parecia certo, nem cristão. Por que ela tentava me ensinar aquilo?

--

Nem o colega nem o resto da classe me perdoaram. Minha mãe me considerava um crápula. Eu era gordo e impopular, detestava isso, ainda mais era motivo de piada e não me via com a mínima chance com as meninas. Nesses dias, alguém na rua deu uma festa – festa de gente grande, sem bebidas alcoólicas, mas com luz negra e discotecagem. Passei gel no cabelo, pus a camisa por dentro da calça e fui lá. Por uns quarenta minutos, fiquei na escuridão chamando as moças para dançar, de um jeito meio barroco: "Você aceita esta dança?". Nos filmes era assim (talvez os filmes errados). As bonitas primeiro, então as feias. Até o vexame me dominar completamente e eu sair sem dizer nada.

—

Eu estava ruim. Para mim a depressão é como sujeira, todo o seu passado de erros colado à sua pele como embalagens velhas, papéis e poeira, um terreno abandonado onde se acumulam coisas que ninguém quer mais. Emanando um fedor a quem puder discernir, de culpa, arrependimento, fracasso.

Fomos ao culto da Nova Jerusalém de Cristo. Sentei-me em silêncio, falei a Deus. Falei de baixo, humilhado, desta vez não como um amigo, mas como um serviçal que precisa dizer que causou um acidente, pondo fogo à casa de seu senhor.

Chegou a hora de o pastor impor mãos e orar por mim, meu pai e as outras três pessoas que iam lá. Pus-me atrás na fila, depois de meu pai.

Cada crente são levava cerca de um minuto e meio. Eu não estava são. Sentia algo me pegar pelo pescoço – não quis pensar com essas palavras, mas acho que sabia o que havia. Em breve, eu iria saber.

Quando o pastor tocou minha testa para orar, tropecei um passo atrás. Não caí, mas desabei na diagonal até o banco de madeira ao lado. Ouvi a palavra "satanás" gritada a meu ouvido.

– Satanás, saia desta criança, ela não te pertence, pertence a Jesus. Você não tem o que fazer aí. Vá embora, Exu. Satanás, saia! Em nome de Jesus eu te ordeno.

Perfeitamente consciente, ouvi cada palavra do pastor, cada exortação para que o demônio me deixasse. Não conseguia me mover. Tentava levantar os braços, e eles não respondiam, nem as pernas, nem os olhos, nem os dedos das mãos. Foram uns dez minutos assim, até que a voz se acalmou, passei a respirar mais devagar e me vi livre.

Levantei-me, são e crente, limpo. Desendiabrado, desdeprimido. Des-hipnotizado, diria um incrédulo por aí.[4]

—

A prima Irene, que viu o Diabo, havia dito uma verdade: ela conhecia armas e drogas. Aos catorze anos, havia se tornado namorada de um

4 Em 2008, fiz uma matéria sobre hipnose para a revista *Superinteressante*. Fui hipnotizado pelo hipnólogo televisivo Fábio Puentes e pelo hipnoterapeuta Bayard Galvão. Posso dizer que o "demônio" hoje me parece apenas autossugestão.

traficante local. Tentando separá-los, a família passou a receber ameaças. Com a ajuda de meu pai, todos se mudaram para Sumaré, cidade próxima de Campinas.

Isso eram más notícias. Mudamos para o outro lado da cidade, na casa-milagre do Jardim Cipava, a que havia salvado meu pai do Plano Collor. Casa essa que minha mãe odiava profundamente. Éramos rebaixados de um bairro classe B para um classe C. Não conhecíamos ninguém.

No Rochdale, ouvíamos tiros na favela distante e éramos assaltados. No Cipava, ouvíamos histórias da favela próxima e ninguém era assaltado, porque o traficante local *protegia* a todos nós – assim me diziam.

A casa ficava abaixo do nível da rua. A partir do portão, descia-se cerca de meio metro num barranco inclinado de concreto batido áspero. Havia um grande quintal sem nada exceto capim, barro, um pinheiro e a tumba do filhote de cachorro que eu havia enterrado com meus primos.

A casa era antiga, o chão de tacos soltos e azulejos vermelhos. Era mal-iluminada e abafada, com janelas de madeira gastas. Como acontece em casas muito antigas, o lugar mais feio de todos era o banheiro: azulejos ancestrais partidos, louça muito fora de moda, fios aparecendo no chuveiro, válvula da privada que parecia prestes a estourar, gritando feito monstro pré-histórico ao ser acionada.

A escola no Cipava era surpreendentemente bem-equipada, com laboratórios e videocassete. Nos primeiros dias, parecia que eu estava me enturmando, finalmente. Ajudou o fato de que conheciam minha família – a prima vida-bandida parecia ter sido popular.

As pessoas sabiam da história de Irene com o traficante. Só o fim era diferente: em vez de se mudar fugida para o interior, ela havia ficado grávida do traficante e foi arrastada pela avó índia até uma aldeia, onde a criança nasceu. Achei um tanto ofensivo.

Eu também achei discutível a decisão de meu pai de mudar para lá, mas ganhei um quarto só meu pela primeira vez na vida. Assim, tive tempo de elaborar histórias com amazonas alienígenas.

——

Masturbação é assunto, me parece, sem consenso entre pentecostais. Meu avô dizia ser só um fato incontornável da natureza. Outros pastores, talvez a maioria, comparam masturbação com a história de Onã, que foi executado por Deus por desperdiçar seu sêmen, conforme o livro do Gênesis:

8: Então, disse Judá a Onã: Possui a mulher de teu irmão, cumpre o levirato e suscita descendência a teu irmão. **9:** Sabia, porém, Onã, que o filho não seria tido por seu; e todas as vezes que possuía a mulher de seu irmão deixava o sêmen cair na terra, para não dar descendência a seu irmão. **10:** Isso, porém, que fazia, era mau perante o SENHOR, pelo que também a este fez morrer.

Essa interpretação, aliás, é também a da Igreja Católica e do cristianismo conservador em geral. Mas o que Onã fez não foi masturbação, foi coito interrompido – havia uma mulher ali – e uma ordem explícita para que ele engravidasse essa mulher em particular. Além disso, é história do Velho Testamento – nunca entendi isso de as pessoas escolherem que leis seguir do Velho Testamento como quem pinça o frango à passarinho e deixa o jiló de lado num bufê. Ora, ou vale ou não vale, se masturbação é proibida pela história de Onã, então também deveriam guardar o sábado, não comer carne de porco e seguir todas as demais leis do judaísmo ortodoxo.

Eu notava essa contradição já então, e nunca ficou claro para mim isso do Velho Testamento. Às vezes, encarava como um absurdo Deus considerar pecado o instinto que Ele mesmo criou – seria como o espirro ser pecado. Noutras horas, eu decidia virar asceta e parar com a masturbação, mas era mais uma forma de tentar ser menos carnal, de ser mais um tanto monge. Quando estava num momento de achar que era pecado, pedia perdão a Deus, mas nunca achei que fosse um pecado maior – não como roubar, usar drogas ou mesmo sexo antes do casamento. Era mais como fazer uma piada indevida – eu fazia o tempo inteiro.

"Pecado menor" não queria dizer que, se Deus resolvesse acabar com o mundo bem na hora em que eu estivesse "em pecado", estaria menos no Inferno. Assim, primeiro eu imaginava minhas amazonas alienígenas, ou a moça da escola da vez, ou as garotas do programa *Cocktail* do SBT (outro pecado menor).[5] Fazia o que tinha de fazer – e pedia perdão a Deus trinta

5 Programa erótico apresentado no SBT entre 1991 e 1992. Era uma gincana onde os convidados, sempre um casal, tinham de tirar a roupa quando perdiam. Mas a maior atração eram as dançarinas, que tiravam o sutiã a cada intervalo comercial e faziam um *striptease* quase completo no fim do *show*.

segundos depois. Vinte minutos a seguir começava de novo, pedia desculpas novamente, e quem sabe fossem quatro vezes numa noite.

—

Eu tinha uma visão peculiar sobre o sexo entre adultos. Achava que sexo era para reprodução e quem o fazia por fazer era safado. Safado, ponto. Não imaginava que casais continuassem a fazer sexo depois de terem tido crianças.

Até um domingo à tarde, quando abri sem avisar a porta do quarto de meus pais. Ali, uma coisa que nunca havia presenciado, mas imediatamente reconhecível. Fechei a porta rapidinho, mas o estrago estava feito. Para eles, que perderam o empenho e apareceram na sala pouco depois, não para mim. Havia tido uma revelação libertadora: "Puxa, então não são só os safados!".

—

Os *bullies* da escola do Cipava, que ficava a um quarteirão de casa, vinham da favela. Eram repetentes, beiravam os dezoito anos e eram um tanto sérios até – não faziam piada, mais dominavam, impediam brigas entre os outros. No fundo nem eram *bullies*, mas uma força de paz, espécie de milícia local.

Um deles, que era magro e bem mais alto que eu, e com certeza sabia brigar melhor, ficou curioso com isso de crente. Perguntou qual o nome da igreja que eu frequentava.

Eu não queria dizer, mas, de certa forma, era obrigação cristã envergar qualquer nome de congregação que me coubesse. E o da minha não era nada abonador. Disse, quase que pondo o ar para dentro, de não querer dizer:

– IgrejaTemploDaNovaJerusalémDeCristo.

– Como é?

– Igreja... Templo... da Nova Jerusalém... de Cristo.

– Rá-rá-rá-rá!... Igreja o quê? Que é isso? Igreja do Deus Mum-Rá?!

E riu, e riram, e isso foi ficando mais alto. Aquilo já não era mais comigo, era com Deus. Alguém tinha de fazer algo a respeito daquilo, impedir aquela blasfêmia. Olhei em volta, ninguém parecia ofendido. A missão era para mim mesmo.

– Seu corno! Veado do caralho! Filho da puta! Você vai apanhar na saída!

– Ei, a mãe não!

– Então vem!

Fui segurado pelos braços, ele não veio. E reiterei meus votos de cavaleiro cruzado:

– Você vai apanhar na saída, palhaço de merda!

Na aula seguinte, o sujeito mais perigoso da 8ª A veio me pedir desculpas.

Foi assim que Jesus me ensinou a brigar. (Ou ensinou a ele que dar surra em gordinho crente não vale a pena.)

--

Deus me revelou que o mundo iria acabar naquela noite. Abri minha janela e vi a lua sanguínea. Aquilo era o sinal.

Não ouvi vozes em minha cabeça – isso acontece a malucos, não com profetas. Havia a certeza de que aqueles pensamentos eram inspirados por Deus, uma convicção que movia a si mesma, e cada pensamento profético inspirava o próximo. E a próxima revelação foi subir ao telhado para ver o mundo acabar.

Tentando não fazer barulho e sem acender lâmpadas, peguei uma cadeira na cozinha. Não quis, ou não me senti tocado por Deus a isso, ou sinceramente achava que ririam de mim se tentasse compartilhar essa profecia. Fiz a cadeira de escada e subi num muro que dava acesso ao telhado. Como os ninjas do caminho da igreja.

Em movimentos de gato (gordo), deitei-me sobre as telhas de barro e passei a olhar a lua vermelha.

> Eu muito agradeço, Senhor, por ter sido escolhido de saber a hora em que o mundo vai acabar. Há mais pessoas assim? Perdoe a tudo o que eu fiz de bobagens. Perdoe principalmente meu orgulho, minha arrogância, acho que isso é meu pior defeito. E obrigado por me dar essa visão agora, ter essa honra especial. Aleluia!

O mundo acabar era uma coisa ótima. Ouviria as trombetas, seria teletransportado para os céus com todos os outros crentes do mundo, meu pai, meu irmão – talvez minha mãe. E então aconteciam as coisas bizarras do Apocalipse. Eu imaginava que a Lua se aproximava da Terra, e ela realmente parecia ficar maior enquanto a olhava.

A noite ia, e eu sob o sereno dava aleluias mentais, olhando para cima, esperando o massacre glorioso da humanidade. Tantas aleluias de até deixar o cérebro rouco.

A dúvida, no entanto, se insinuou a meus ouvidos, com a voz que só podia ser de Satã. Talvez, dizia-me essa dúvida, a lua vermelha fosse só um fenômeno natural. E, pensando melhor, eu já havia visto luas vermelhas muitas vezes antes. Fechei a boca do Diabo com hinos em pensamento, mais aleluias e outros mantras. Fui para o outro lado do telhado, buscando outros sinais no céu. Quem sabe um meteoro. Morreriam os ímpios como os tiranossauros.

Às três da manhã, já não havia cantoria mental capaz de suprimir o fato de que continuaria a existir um mundo ali embaixo do telhado, para o qual eu teria de descer uma hora.

Eram quatro horas, parei de orar, desci, dormi. Jamais contei essa história na igreja.

——

Eu tinha amigos. Ter enfrentado o valentão por causa da igreja fez com que me vissem de outra forma. Sabia me defender, não era mais um saco de areia pronto a receber abuso. Eu me enturmei, comecei a fazer o que todo o mundo fazia. Falava palavrão, desenhava caricaturas, fazia piadas sobre sexo, entrava em pequenas brigas. Coisas, evidentemente, pelas quais eu tinha de pedir perdão a Jesus na hora ou ao fim do dia, e a lista de pecados ficava sempre maior.

O que me perturbava naquilo não era apenas que eu estava sendo corrompido pelas pessoas de fora da igreja... era que eu realmente estava tendo prazer sincero com aquilo tudo.

Havia um moleque a quem chamavam Mudinho. Era tão tímido que nunca abria a boca para dizer nada, exceto "presente".

– Ei, Mudinho, por que você nunca diz nada?

Olhou para mim como se eu tivesse perguntado sobre um melanoma em sua testa, mas rapidamente se desviou.

– Cara, você não pode ser assim. Assim, ninguém te respeita. Vamos lá, fala alguma coisa!

Ele apenas sorriu aparvalhado, olhando para o chão.

– Que risada idiota é essa? Meu, seja homem! Eu tô te ofendendo! Vamos, levanta daí, diz alguma coisa!

– ...

– Me enfrenta, cara! Eu vou te bater, vai ficar aí parado?!

A cara do Mudinho parecia ferver, mas ainda assim ele não se movia. Nem olhava para mim.

– Ei, mongo! Deixa o Mudinho em paz! Cai fora!

Era um dos caras da favela, e havia outros dois atrás. Eu me afastei, mais de medo do que de consciência. Foi só na aula que fui perceber o que estava acontecendo: agora, eu era o *bully*.

Tudo aquilo estava errado. Mas por que então eu me sentia, pela primeira vez desde o primário... feliz?

No fim de 1991, não pedi a Deus por amigos. Pedi perdão por ser normal.

—

Fomos passar o Natal em Curitiba. Meu avô pastor agora morava lá. Estava para se aposentar e não tinha mais uma igreja própria ou casa emprestada pela igreja. Assim, havia sido instalado numa casa de fundos, alugada pelas tias. Por isso, talvez, o fim de ano foi mais informal. Na noite de Natal, houve espumante. Importado, por conta da abertura de mercado do Collor. Como antes, bebi o que os adultos não beberam e tive ressaca.

Ainda tinha um vestígio dessa ressaca quando fui tirado da cama por meu pai, às sete da manhã do dia 27 de dezembro. Chovia fino, mas a avó já tinha posto à mesa um café da manhã apressado, com algumas sobras do Natal. Ela iria passar uma temporada conosco e estava ansiosa para sair.

Minha mãe, meu irmão e eu nos acomodamos na caçamba, a avó foi na frente, com meu pai. Ela e o Beto iam sentados de costas para a cabine. Caindo de sono, eu me deitei do lado contrário, com a cabeça para a porta. Davi deu partida e nos pusemos no rumo de casa.

– Fábio, você se senta para cá. Se a porta abrir, você cai na estrada.

– Depois, mãe.

Talvez por sono, ela não tinha energias para discutir e deitou-se de lado. Ou talvez ainda fosse Deus escolhendo-a para morrer e meu irmão para ficar paraplégico, como aconteceria três horas depois.

COMO DEIXEI DE SER CRENTE Nº 3: tendência à confirmação

Em 1960, o psicólogo cognitivo Peter Cathcart Wason (1924-2003) aplicou um teste a seus alunos. Wason escreveu a seguinte sequência de números:

2, 4, 6

A seguir, pediu aos alunos, um a um, que tentassem adivinhar a regra que ele havia usado para criar a sequência. Para tentarem descobrir, poderiam apresentar ao professor sua própria sequência de três números, e ele diria então se a sequência estava ou não correta. Os alunos podiam apresentar quantas sequências quisessem, e a qualquer momento podiam tentar adivinhar a regra, mas Watson não responderia a qualquer pergunta em outro formato.

A regra do 2-4-6 era muito simples: os números deveriam estar em ordem ascendente. Wason descobriu que era muito difícil para os alunos descobrirem essa regra. Por quê? Porque tentavam resolver o problema do jeito errado.

Os alunos de Wason criavam sequências que confirmavam as teorias que eles tinham em mente. Por exemplo:

A sequência do professor é 2, 4, 6;
A regra é: "números em ordem crescente";
O aluno acredita que a regra seja "números pares";
O aluno apresenta ao professor a sequência de pares 12, 14, 16;
O professor diz que a sequência está correta;
O aluno apresenta sua regra: "números pares";
O professor diz que a regra está incorreta.

Um tanto perplexo, o aluno propõe outra sequência da mesma forma e continua a errar. Conhecer uma sequência correta que confirma uma teoria errada não faz avançar o conhecimento.

No método científico, a melhor forma de estabelecer alguma coisa como verdade é precisamente testar tudo o provaria que ela é mentira. Por exemplo:

A sequência do professor é 2, 4, 6;

A regra é: "números em ordem crescente";
O aluno acredita que a regra seja "números pares";
O aluno apresenta ao professor a sequência de ímpares 13, 15, 17;
O professor diz que a sequência está correta;
O aluno sabe que a regra não pode ser "números pares".

Dessa maneira, o aluno tem um exemplo novo para ajudá-lo a pensar no que não havia pensado e buscar aquela que deve ser a resposta verdadeira.

Na vida real, temos muitas "sequências de números" para testar, mas nenhum professor para dizer se nossas teorias são corretas ou falsas. A forma científica de pensar é mais produtiva, mas não é a maneira como as pessoas costumam resolver suas dúvidas. Wason chamou a tendência humana de testar as próprias crenças por meio de fatos que as confirmam de "tendência à confirmação" (*confirmation bias*).

Tendemos sempre a buscar elementos que confirmem nossas crenças. E isso não se refere apenas às crenças religiosas, é um erro comum no trabalho de jornalistas, escritores, filósofos, teóricos da política e até mesmo cientistas. Os melhores pensadores são aqueles que buscam responder às objeções a suas ideias antes que os adversários o façam.

Quando eu subi até o telhado, só enxerguei aquilo que confirmava as minhas crenças e literalmente *demonizei* a dúvida. Quando alguém acredita que aconteceu um milagre, tende a desconsiderar as possibilidades que negam isso.

Vamos supor, por exemplo, que alguém receba um diagnóstico mortal do médico. Desesperada, essa pessoa vai à igreja, faz orações e recebe imposição de mãos. Dias depois, recebe a notícia de que o câncer recuou. "Milagre", os crentes concluem, o que mais pode ser? Ninguém se lembra nessas horas de averiguar se o doente fazia quimioterapia. Que o câncer talvez volte dali a dois anos. Ou que há muitos doentes desenganados que também se curam sem nunca ter visto um pastor. Diagnósticos médicos não são profecias, afinal.

Se você já se pegou fazendo isso, não é necessariamente um fanático religioso, só pensa como todo o mundo. Isso pode ser comum, mas ainda assim nos leva a confirmar os próprios erros e insistir em más ideias.

PARTE 3:

CHORO E RANGER DE DENTES

Há tempo de nascer e tempo de morrer; tempo de plantar e tempo de arrancar o que se plantou; tempo de matar e tempo de curar; tempo de derribar e tempo de edificar.

(Eclesiastes, 3:1-2)

Com o impacto, sou lançado do sono a um acidente de trânsito. Atirado do colchão para a frente, dando de nariz contra meu próprio joelho direito, rebatendo para trás desacordado. A próxima cena é a caçamba da Saveiro branca se afastando, marcas de sangue de meu irmão e minha mãe estalada na parede, feito insetos pisados, na lataria branca como azulejos de um açougue. Ouço vozes dos enfermeiros me puxando para fora numa maca e grito não sei o que nem por quê. Apago outra vez. Então, estou numa cama de hospital, meu pai em pé ao lado, com um olho roxo, cortes pequenos no rosto e pequenos curativos, quase como aqueles pedacinhos de papel higiênico que ele grudava na cara quando fazia a barba errado. Como se ele tivesse passado a gilete na testa e no nariz.

"Acidente", lembro de ter escutado dele. Perguntei de minha mãe. Ouvi outra sequência: "Outro carro", "chuva", "derrapou", "dei na porta", "a vó está bem", "você está bem".

– Pai, e a mãe?

– A mãe está... muito mal.

– Mal?

– Na... na UTI. Mas muito ruim. Tanto que é melhor você não orar por ela. Ore por seu irmão. Não tem mais o que se fazer por ela.

Da expressão de meu pai, desolada, vaga e remendada, não conseguia tirar mais sentido que de sua frase absurda. Como assim estava tão mal que o Deus onipotente não podia resolver?

– Tiraram chapas de você. O médico falou que não quebrou nada. Vamos embora.

Estava escuro, chovia fino. Meu tio Domingos esperava a gente em seu Monza preto, e me enfiaram no banco de trás. Íamos para Curitiba, não para casa.

Vi pelo retrovisor como estava minha cara. Meu nariz não tinha mais ponte, a parte de cima era uma superfície roxa e inflada unida à testa, da qual partiam os dois olhos. Parecia aquele personagem do filme *Marcas do destino*,[1] o filho da Cher, que tinha a cara deformada, tinha "leonismo". Sentia tudo rangendo e deslocado em mim.

Meu irmão viajava de ambulância, disseram. Puseram para tocar no rádio música gospel. Alegre, roqueirinha, meio besta.

--

O nosso Deus, fazíamos questão de lembrar o tempo todo, não era o Deus discreto dos outros cristãos, o dos milagres raros, lendários. O nosso Deus era o *Deus vivo*, o que faz milagres a qualquer um que tenha fé; milagres, aliás, proporcionais a essa fé. O que era isso de dizer que minha mãe estava tão ruim que Deus não podia fazer nada por ela? Deus não era mais onipotente? Ora, mesmo se ela estivesse morta, Deus ressuscitaria pessoas mesmo hoje em dia, não é? Não era o que eu havia ouvido no testemunho do disco da casa de meu avô?

> Deus... eu não sei o que minha mãe tem. Mas, se alguém tem de ir, leve a mim, não a ela. Ela não tem fé, ela não está pronta... Leve a mim, que vou para o Céu, Senhor, mas não minha mãe.

O tio tentava desviar o assunto, falar de coisas que achava engraçadas, coisas que não faço a menor ideia de quais eram. Eu não respondia. "Que filho da puta, fazendo piada agora", pensei então, mas não posso culpá-lo. Ninguém

1 Mask, Peter Bogdanovich, 1985.

sabe o que fazer numa situação dessas. Não respondia nem às coisas nem às músicas. Levamos quatro horas até Curitiba. Fomos para o apartamento do tio Domingos, e fui recebido por sua esposa, tia Marta, que me abraçou chorosa, e a filha adolescente Mariana, que não tinha muitas palavras.

– O que vocês sabem da minha mãe? Ela morreu?

– Sua mãe não morreu... mas não precisa mais orar por ela.

Minha mãe estava o quê? Espalhada em pedacinhos distantes demais para Deus juntar?

Tia Marta tem três filhos, e o rapaz, César, havia se mudado para os Estados Unidos, morar com a família do tio nadir. Assim, puseram-me no quarto dele, com suas coisas paradas havia dois anos. Era meio cedo ainda, mas, com dores no corpo todo, aceitei.

Tentei de novo o pacto com Deus. Orando até cair de sono, na quase convicção de que talvez eu nunca mais acordasse – se Deus fosse generoso e aceitasse um contrato comigo. Assim falei a Ele:

> Deus, se ela já estiver morta, o Senhor pode ressuscitar minha mãe. Então estou me oferecendo. Eu, mas não minha mãe. Aceite meu sacrifício, Senhor. Minha mãe não vai para o Céu, mas eu vou. Por isso eu me entrego, então.
>
> Mate a mim, Deus, não a ela. Assim eu Lhe imploro, Senhor. A mim, não a ela. Leve a mim, Senhor.
>
> Mas não minha mãe.

—

Às oito da manhã, tia Marta veio me acordar.

– Como está minha mãe?

– Sua mãe não resistiu. Ela está morta.

– ...

Tia Marta não esperou eu chorar, ela chorou e me abraçou, engolfando-me. Eu já então não chorava, rangia os dentes. Ainda hoje, só choro por porcaria, de ver comercial de margarina. Nunca pelo que devia.

– Ela quebrou o pescoço e morreu na hora. Estava morta desde ontem, quando você acordou no hospital.

– Vocês mentiram!

– Foi pra não te assustar, você tinha acordado no hospital. Ao dizer "não adianta orar" pensamos que você ia entender.

– ...

– Nós vamos para o cemitério, se arrume.

Não era caso perdido ainda. Eu insistia em meu contrato, eles tinham a fé fraca. Mas não disse a ninguém que estava esperando que minha mãe ressuscitasse. Não disse a ninguém o que pretendia. Era uma aposta solitária.

Fui posto no mesmo Monza, e o tio Domingos ia dirigindo com comentários tolos, tentando me animar. Não ouvia o que ele falava.

Era meia cidade a atravessar até o cemitério, que fica ao lado do parque Barigui. Curitiba tem bons indicadores sociais, mas também uma certa tristeza peculiar, capturada por Dalton Trevisan. É um lugar que, mesmo depois de um mês de seca, sempre dá a impressão de que acabou de sair de uma chuva. Passávamos pelos prédios coloridos, as casinhas de boneca, em cores berrantes e erradas, os pinheiros todos, os ônibus de brinquedo. Em Curitiba, tudo é limpo e colorido, e ainda é assim, como se as pessoas estivessem sempre a um palmo de estarem realmente vivas.[2] Aqueles prédios coloridos como uma prateleira de doces exalavam uma tristeza impenetrável.

--

O Cemitério Parque Iguaçu não é daqueles com lápides e mausoléus, mas um gramado com placas douradas. Ideia detestável. Meu avô Eugênio havia ganhado uma pilha de concreto quadrada sobre si – feia que seja, ainda assim é um monumento a ele, algo a sinalizar a lembrança que temos dele, que não foi uma estatística, um registro, uma entrada num banco de dados. Mesmo aquelas pilhas de pedras vistas em filmes de faroeste têm mais dignidade do que uma placa.

Num cemitério assim, tudo é calculado para distanciar a ideia de morte. Como tentar disfarçar com canteirinhos de flores o fato de você estar andando sobre uma cidade de carcaças. Coisa para quem tem necessidade de eufemismos. Mas a família evangélica tem fobia a crucifixos, imagens e outros componentes comuns em cemitérios católicos – então considera aquela repartição pública de mortos uma forma superior de cemitério.

2 Os curitibanos me perdoem, talvez eu tenha lido demais Dalton Trevisan.

É claro que, aos treze anos, não havia chegado ainda a essas conclusões. Mas havia algo de que não gostava mesmo então.

--

No estacionamento do cemitério, encontrei meu tio Pedro, irmão de minha mãe. Deixaram-me no carro dele, que também era um Monza, para tomar coragem antes de ir ver o corpo. Ele e muitas tias me deram os pêsames, me ofereceram um biscoito, um *palmier.*

Uma tia abriu o porta-malas do carro do tio Pedro e tirou velas compridas e brancas, como aquelas com que eu havia brincado no velório de meu avô.

– Coloquem de volta.

– Mas por quê?

– Ela era evangélica, batizada e vai ter um velório evangélico. Em velório evangélico não se usam velas.

Ouvi o porta-malas bater atrás de mim. Ninguém falou mais em velas.

Injusto, inútil e mal-educado... Velas podem não ser costume evangélico, mas não são proibidas na Bíblia, como são as imagens. Não são nenhum pecado.

E foi assim esse velório só de um corpo e pessoas, numa sala com pintura bege, lisa, sem qualquer decoração, sem coroa de flores, sem velas. Como se estivéssemos ainda num hospital, um procedimento limpo, vazio, quase científico. Sentei-me no banco de madeira no canto, tentando evitar olhar o corpo. Preferia me lembrar dela viva, foi o que botei na minha cabeça. Esperei.

Não faço a menor ideia do que me disseram, e falaram muito. Ainda tinha uma esperança, a cada minuto mais tênue, de que, pela graça de minhas orações, ela se levantaria dali, em meio a todo o mundo. Havia uma mesinha com café preto, e eu tomei.

Um pastor surgiu e preparou-se para orar por ela. Então, eu me pus de pé e pegamos nas mãos uns dos outros, e não pude deixar de olhar. Ela parecia uma noiva, mas a cabeça estava enrolada por gaze na parte de cima e de trás, evitando vazar seu cérebro pelos ossos abertos. Também havia flores brancas.

O pastor fez como todos os pastores fazem, lembrou-nos de que havia um lado positivo naquela desgraça toda.

– Meus caros, este é um momento de profunda tristeza. É um choque para todos nós, inesperado, uma mãe de duas crianças que se vai com saúde, jovem ainda.

Mas gostaria de lembrar duas coisas. A primeira é que Deus às vezes impõe a nós provas de fé, e dessas provações é que podemos sair vitoriosos, com nossa fé fortalecida. Deus tem razões que talvez possamos não entender agora, talvez não amanhã, talvez nunca, mas o que faz é sempre o melhor. E o segundo é que Inês, que aceitou a Jesus como seu Salvador em seus últimos anos, está agora num lugar melhor, com Ele, em sua glória. Para quem não tem fé isto é o fim, mas nós cremos que é um começo. O fim do sofrimento deste mundo, e o começo da vida verdadeira de glória. Oh, glória! Oremos.

Senhor, entendemos este como um momento de tribulação, mas dê-nos fé para vencê-lo. Dê-nos forças para superar a dor, perseverar, vencer os tempos difíceis que sua falta trará. Abençoa os que ficam, o Fábio, o Davi, e alcança ao Beto no hospital e leve a ele a cura, o milagre. Ajuda-nos também a compreender. Aceita Tua serva que agora não está mais entre nós, em nome de Jesus, amém.

Vamos cantar um hino...

Mais perto quero estar,
Meu Deus, de Ti!
Ainda que seja a dor
Que me una a Ti,
Sempre hei de suplicar
Mais perto quero estar,
meu Deus, de Ti!

Andando triste aqui
na solidão
Paz e descanso a mim
Teus braços dão
Nas trevas vou sonhar
Mais perto quero estar,
meu Deus, de Ti!

Minh'alma cantará a Ti, Senhor!
E em Betel alçará
padrão de Amor,
Eu sempre hei de rogar
Mais perto quero estar,
meu Deus, de Ti!

E quando Cristo, enfim,
me vier chamar,
Nos céus, com serafins
irei morar
Então me alegrarei
Perto de Ti, meu Rei,
Perto de Ti, meu Rei,
Meu Deus, de Ti!

– O caixão não vai ser aberto novamente na sepultura. Então, quem quiser ver a Inês uma última vez, que veja agora.

Não a vi, nem chorei até então, rangi os dentes. À minha volta, todos se decompunham feito papel molhado. Minha avó, Joana, como no enterro de seu marido, também não chorou a morte de sua filha.

E caminhamos uns duzentos metros até onde havia uma árvore jovem e um buraco com retângulos de grama ao lado, retirados com precisão e empilhados, mais um monte de utensílios de jardim expostos e uns quatro coveiros uniformizados da equipe do cemitério, abominavelmente profissionais. Eu ainda a imaginava batendo na tampa, acordando pelo milagre de Deus.

Senhor, por favor... o tempo está acabando. Isso não pode, não pode ser assim. Leva a mim, não a ela. Senhor, leva a mim!

Processaram – essa é a palavra para o que fizeram, como numa rotina industrial – o corpo de minha mãe em minutos. Não houve pá de cal, ritual, nada. Apenas mais um discurso, oração e canções redundantes, em uns três minutos, sob o olhar impaciente dos profissionais. Usando cordas, agilmente desceram o caixão para uma caixa de cimento enterrada no solo. Cobriram então o compartimento com placas de concreto e jogaram cimento para fechar as frestas entre o caixão e o exterior, de forma que minha mãe não infectasse o ar nem sujasse a roupa de ninguém.

Entraria minha mãe para a eternidade como o sepulcro 1096B. Demos-lhe as costas, nunca mais.

—

Eu não tinha certeza se aquilo não era um pesadelo. Viver então tinha aquela consistência gelatinosa pela qual flutuam os sonhos. Não podia ser verdade. Se fosse, agora seria inconveniente Deus ressuscitar minha mãe, concretada lá embaixo. Restava voltar no tempo, como o Super-homem no filme, girando em torno da Terra, para antes de Lois Lane estar morta.[3] Eu não podia acordar três dias antes? Voltar no tempo não é um milagre aceitável? Pedia a Deus que voltasse no tempo. Por meses iria pedir isso.

Mas um evangélico experiente deve ter um Plano B, porque Deus é manhoso com isso de milagres e vive testando nossa fé fazendo exatamente o que a gente não quer. Alienação absoluta era o plano. Não chorei então, não iria chorar. O que não pode ser resolvido, resolvido está.

Foi assim que, três horas depois de enterrar minha mãe, decidi viajar no ano-novo. Pedi para ir junto com um tio que estava saindo de viagem para Santos. Não foi má ideia.

Meu tio Levi é das pessoas mais decididamente dignas que aparecerão nesta narrativa. Um cabo do exército que trabalhou a vida toda na cozinha, rebelde demais para subir. Na época da ditadura militar, deixou uma cesta de ano-novo na cela dos presos políticos. Seu filho, Carlos, então era ainda fruto da excessiva tolerância do pai, um *playboy* mimado, viciado e encrenqueiro. Carlos se tornaria pastor.

Fomos eu, tio Levi e Carlos para Santos, onde viviam seus parentes que eu não fazia a mínima ideia de quem eram. O tio era agregado, casado com minha tia Dulce, irmã de meu pai.

Os parentes do tio Levi eram ricos. Conheci de primeira mão tâmaras secas, caju fresco, broto de feijão, os prédios tortos de Santos e o Game Boy. Triste Game Boy preto-e-branco, onde o único jogo que funcionava era

3 *Superman*, Richard Donner, 1978.

Tetris, blocos insensíveis caindo do céu soviético, construindo coisas para serem apagadas, numa tarefa infinita e sem sentido.

A ideia da viagem era não pensar em nada. Mas às vezes era atingido com o raio, o dedo de Deus, pela consciência da coisa. E chorava, berrava por dentro. Então os adultos, atrapalhados, tentavam me consolar sem ter qualquer coisa que dizer. Era injusto pedir a eles que tivessem.

Assim, o inferno causado por Deus vinha e voltava.

Foi a primeira vez em que passei a virada do ano na praia. Boaiavam barquinhos, flores e outras porcarias para Iemanjá. Eu sabia que aquilo era, tecnicamente, coisa do Demônio, mas havia um demônio maior dentro de mim. Dane-se Iemanjá. Feliz 1992, aos macumbeiros também.

--

O tempo não ia andar para trás. Meu irmão estava no hospital, acamado, já com menos risco de morte. Em 15 de janeiro, fiz catorze anos, ganhei um bolo na casa de minha tia em Curitiba. Não sei que gosto tinha.

Meu irmão havia *amassado* a medula espinhal, o que, diziam, não dava uma certeza absoluta de que ele nunca mais iria andar, diferentemente de se ele tivesse partido a coluna em duas.

Depois de um mês e meio de internação, fui visitá-lo pela primeira vez no Hospital Evangélico de Curitiba. Com um parente agregado na gerência do hospital, haviam conseguido um quarto particular para ele. Um quarto branco como qualquer outro, com um sofá preto, sobre o qual, jogadas, havia roupas de pessoas da família, que faziam vigília por lá o tempo todo.

Ele ficava deitado numa cama bem alta, travada na mesma posição, e estava com pontos enormes na barriga, meio inchada, como se fosse um morto no necrotério. Já então haviam aparecido as escaras, que são uma espécie de vala que se abre na carne da pessoa acamada, como na terra após a tempestade, às vezes dando pra ver até os ossos. Por causa das escaras e da incontinência, ele cheirava a carne crua e urina. Esse seria seu cheiro dali por diante.

Estava num humor terrível, nem disse *oi* para mim. Perguntei como estava, resmungou qualquer coisa que não entendi. Como a cabeça não respondia, fui mexer com a outra ponta. Cutuquei o pé dele, e o pé se retraiu.

– Mas como assim você não sente nada? Seu pé mexeu!

O médico se desencostou da parede para dizer:

– É um reflexo. Não passa pela medula.

– Então não significa nada?

– Para com essa conversa! – queixou-se o Beto, da outra ponta do pé.

– Você tentou tudo, não mexe mesmo? Ah, você tá fingindo...

– Sai daqui, seu moleque!

Os adultos trocaram olhares, e eu saí por conta própria, antes que decidissem o que fazer.

--

Meu irmão permaneceu internado, e voltamos eu e meu pai para São Paulo, para a vida, a casa mal-assombrada do pinheiro, o jardim vazio e o cemitério de cachorros. Seguindo meu plano de esquecimento, eu não pensava em nada. Deus quis aquilo, eu não O desafiaria ficando triste.

As aulas começaram, eu tinha amigos do ano anterior e meu nariz já havia quase sarado. Não corria mais o risco de virar o monstro do filme da Cher. Contei minha história, e eles se mostraram condoídos, indagavam como eu aguentava aquilo. Ora, eu dizia, o que a gente faz é ir adiante e esquecer.

Ninguém ia para a igreja. Não havia o que dizer a Deus, e Ele já havia mostrado o que queria para nós naquele momento. Falava-se demais em morte por lá.

Talvez porque estivessem com pena de mim, talvez porque eu fazia um esforço imenso para não mostrar nenhum abalo, a ponto de me convencer de que estava feliz; continuei a me sentir entrosado, com uma vida social normal. Eu e os moleques andávamos de bicicleta, jogávamos *video game*, fazíamos partidas de vôlei e queimada em frente de casa. Falávamos das moças.

A vida é boa quando não se pensa nela. Isso é o que eu teria aprendido a partir daquele instante, se aquele instante não fosse exatamente isso, instante.

--

Meu pai, no entanto, não suportava as lembranças na casa, nem estar sozinho em São Paulo, onde agora, depois que a família do tio Sandoval e da tia Iracema havia partido, só moravam parentes de minha mãe. Ele não estava numa fase muito boa no trabalho.

Havia sido vítima da febre da reengenharia. Por quase quinze anos, foi o melhor vendedor de peças da maior concessionária Volkswagen de Osasco. Mas virou moda, por essa época, demitir funcionários antigos por nenhum outro motivo que "renovar" o modo de trabalho – chamavam isso de reengenharia, e, desse modo, muitas carreiras foram vitimadas, quando não pelo Plano Collor e a recessão que se seguiu ao confisco da poupança. Já fazia um ano que fora demitido sem razão e havia conseguido outro emprego em uma concessionária de São Paulo, no Jaguaré, onde ganhava menos e não parecia muito satisfeito.

Decidiu então que o melhor era morar perto de seu pai, mãe e irmãos, dos quais sete moravam em Curitiba.

– Vamos nos mudar daqui. Não aguento mais isso.

– Legal!

Com minha empolgação infantil e ignorante, avisei todos os meus amigos, contando vantagem: estava indo para a famosa cidade de Primeiro Mundo, capital ecológica, lugar dos ônibus coloridos e das obras estranhas da prefeitura.

Vida nova, outra vez. Igual a ser batizado, ou dar *reset* num *video game*.

Dalton Trevisan escreveu: "Curitiba é um labirinto onde a única saída é o ventre do minotauro". Esse era meu destino. Eu nunca tinha lido Dalton Trevisan.

Era abril quando chegamos a Curitiba. Eu e meu pai fomos morar com a avó Leonora, o avô pastor Rubens e os dois irmãos mais novos de meu pai, o tio Lucas, de trinta anos, e a tia Cássia, de 27. Quem dominava a casa, na prática, era a tia Cássia, que tinha a energia para ser antipática que faltava à vovozinha, enquanto o avô se preocupava só com religião e o tio, com jeito de garotão, não se importava com assuntos domésticos.

A família de meu pai tinha hábitos muito diferentes dos nossos, algo que eu nunca havia percebido enquanto era um hóspede de fim de ano. Cada porção de cada coisa na mesa estava implicitamente dividida por igual entre todos, e se alguém se servisse demais recebia olhares como se tivesse batido a carteira de alguém. As coisas na geladeira tinham dono, cada pote de iogurte era mentalmente marcado com o nome de quem o comprou – mesmo se isso significasse deixá-lo estragar ali. Refrigerante também era racionado.

Nisso o erro era meu, reconheço, mas não tinha o hábito de deixar as coisas impecavelmente no lugar onde estavam antes, ao tomar banho, nem de levar a louça usada para a pia, nem de arrumar a minha cama. Minha mãe resolvia tudo – não que fosse justo, mas era como funcionavam as coisas.

– Sua mãe era uma pessoa muito legal, mas educar ela não sabia. Você parece um animal – dizia a tia Cássia, com o que vez por outra a avozinha balançava a cabeça concordando.

Eu era um animal mal-adestrado, sujo, comilão e bagunceiro. E minha mãe, uma incompetente.

Fui matriculado para o segundo bimestre numa escola pública muito inferior à de São Paulo. Tinha paredes de madeira, e um dos professores era tão ruim que escrevia a matéria do quadro e se sentava na cadeira, sem dizer uma palavra. Depois cobrava os escritos na prova.

Descobri que as pessoas que nascem em São Paulo têm sotaque. Os curitibanos não gostavam muito de meus *ô*, *meu*, *fazeindo* e *geinte*. E eu achava engraçado o português aprendido por correspondência de Curitiba, com todos os *ôs*, *ês* e *esses* nos fins das palavras, e a pretensão de que isso era mais certo do que o jeito que todo o resto do país falava.

Os moleques ali pareciam vulgares e meio estúpidos. Não havia *nerds* naquela escola sem futuro. Ninguém sabia nada de *video games*, fantasia medieval ou ciência, mas falavam de sexo como quem tem muita experiência, aos seus catorze anos. O mais estranho, e isso foi algo em Curitiba que levei muitos anos até aceitar como um fato cultural incontornável, é que ninguém visitava a casa de ninguém, mesmo os que se consideravam amigos.

Além disso, não tinham muita sensibilidade psicológica: ganhei apelido de Gordo, não de Louco. Fui rebatizado de *Faustão*. E isso depois de ter concluído meu primeiro regime. Caramba, eu nem era mais tão gordo assim.

––

Beto havia sido levado para uma estada de dois meses em Brasília, no Hospital Sarah Kubitschek. Eu ouvia notícias e perguntava:

– Ele não vai ficar paralítico para o resto da vida, vai?

Ou...

– Alguma notícia, ele vai andar?

Ou...

– O que estão fazendo com o Beto agora?

Faziam fisioterapia e inúmeras tentativas de tratamento. Finalmente, em julho, ele estava de volta, e o que havia conseguido eram talas para que fosse posto de pé uma vez por dia. Como um boneco, fingindo sofrer de alguma coisa menos pavorosa do que a que atende pela palavra *paraplégico*. Mas paraplégico era o que ele era.

É claro que isso foi uma atração irresistível para pregadores e crentes de todos os matizes, um paralítico de verdade, como os da Bíblia. E então, cerca de três vezes por semana, vinha um milagreiro diferente, de uma igreja diferente, e fazia um culto, com a família em círculo ao redor de meu irmão. E o pregador do dia impunha mãos sobre as pernas dele e pedia a Deus que "alcançasse aquelas pernas", "religasse a coluna".

Choravam, falavam línguas estranhas, tremiam, gritavam, balançavam as pernas do Beto. No fim, cutucavam o dedo do pé dele.

– Sente algo, Beto? Consegue se mexer?

– ...

– Você precisa de mais fé. A fé tira você daí.

A razão de meu avô pastor morar em Curitiba é que, dois anos antes, minhas tias o convenceram a se aposentar. Por isso e pelo tio jovial morando em casa, pela primeira vez ele tinha uma televisão. A princípio timidamente, o pastor descobriu que gostava da novidade, das opiniões de Bóris Casoy e do programa *Cadeia*, de Carlos Alborghetti.

Luiz Carlos Alborghetti, que morreu em 2009, foi uma espécie de Gil Gomes na anfetamina. Ratinho Massa começou no programa dele, e dá para dizer que todo o seu trabalho é uma versão bastante educada do trabalho de seu mestre. Alborghetti chegou brevemente a se apresentar no país todo, com o seu programa *Cadeia Nacional*, que passava na, hoje, rede Gazeta. Mas era um produto de paladar muito forte para o padrão nacional, e o discípulo acabou prevalecendo.

Com a mesma gravidade que ditava os pecados e bênçãos poucos anos antes, o velho pastor Rubens agora ditava os canais da programação, e no começo da tarde era dogma assistir ao *Cadeia*.

A equipe de Alborghetti, da qual Ratinho Massa era um dos repórteres, mostrava uma casa estropiada e cinza numa favela de Curitiba. Uma mulher apresentava à câmera suas pernas tomadas de vergões roxos, e o repórter explicava que ela havia injetado em si mesma silicone industrial para engrossar as pernas. Agora, corria risco de infecção generalizada. Alborghetti se manifestou, olhando direto para a câmera, a testa careca suada e nervosa:

– Minha senhora, vamos providenciar tratamento médico para resolver essa questão aí, mas... silicone industrial? Nas pernas? É o seguinte: a senhora é burra, né? Burra! Burra! Burra! Burra!

Alborghetti também vendia produtos ao vivo. Um deles, um precursor do Viagra à base de carqueja e catuaba. Quando meu avô pedia que mudasse para o *Cadeia*, eu fazia para ele uma imitação:

– Meu amigo, você está com problemas de depressão, falta de disposição e impotência sexual? Tome Coscarque H3... Coscarque H3 é natural! Coscarque H3, o levanta moral!

– Para com isso, menino, você nem sabe do que tá falando!

--

Nos intervalos do programa *Cadeia*, marcas locais, das quais eu nunca havia ouvido falar, anunciavam com propagandas ridículas, que pareciam feitas vinte anos antes. Um palhaço numa fantasia desbotada anunciava uma loja de roupas. Sapatos falantes de pesadelo cantavam para atrair clientes a uma loja de calçados.

A TV e a escola me fizeram ver rápido que eu não havia me mudado para uma cidade de Primeiro Mundo, mas para uma vila minúscula e fechada em si, cheia de taperas isoladas, habitada por caipiras hostis.

Em duas semanas, eu odiava Curitiba. A exemplo dos melhores curitibanos.

--

Dois meses depois, a avó e a tia se cansaram de mim. Haviam me transferido para a casa da tia Célia, porque eu era "demais para a velhinha". A casa era luxuosa e enorme, e eu dividia uma edícula no fundo com meu tio Lutero, que me contava as mesmas piadas de duplo sentido, todos o dias. Tive trabalho em convencer a tia de que meu *video game* não iria queimar a TV dela.

Foram acolhedores até notarem minha falta de noção protestante[4] de propriedade privada com o leite na geladeira. A partir daí, passaram a dizer também que eu era um animal mal-adestrado.

--

O inverno chegou, e meu pai estava quebrado. Comprou uma jaqueta de napa para que eu enfrentasse o frio do Primeiro Mundo. Ao experimentá-la em casa, na primeira vez que eu tentei levantar o braço com o zíper fechado, ela se rasgou até quase soltar o braço; ela se tornou imprestável.

Assim, em junho, às sete da manhã, eu ia para a escola com uma camisa de mangas compridas, só isso. Ia soltando fumaça e pisando na grama coberta de geada. Chutando a capa branca de gelo, que era como areia, mas que se desfazia em água. Dando passos encaixotados para manter o calor em mim.

Em meio ao frio, houve um domingo de sol, e as ruas estavam coalhadas de pétalas das árvores. Era uma ocasião bem-vinda, após meses de alergia respiratória embaixo de cobertores emprestados. Domingo era o dia de visitar meu pai e meu irmão na casa da avó, que ficava a poucos quarteirões da casa de tia Célia.

Naquele dia, a avó pediu que trouxesse coisas do mercado e levei o Beto junto. Fui empurrando sua cadeira, e andava com o pescoço ereto, para que todo o mundo visse que éramos normais e (por que não?) felizes até. Moleques do bairro olhavam. Eu gritei:

– Que foi, nunca viu, não?

E acho, só acho, que ficaram com vergonha. Meu irmão com certeza ficou.

Empinei a cadeira dele e tive a ideia: por que não uma corrida? Vamos nos divertir, não é? Era um dia para fazer essas coisas. O Beto não concordou muito, era um medroso. E corremos, com ele gritando "não", até uma pedra que eu não tinha visto.

Ele foi para o chão e eu por cima, esfolando minhas próprias mãos e cotovelos. Do chão, com areia na boca, ouvi o choro dele – e o Beto chorava não como um moleque de doze anos, mas como um bebê de dois anos, em berros finos, um "unhé, unhé". Ele tinha essa coisa.

Agarrei-o com todas as minhas forças para colocá-lo de volta na cadeira,

4 As histórias com a família parecem comprovar as ideias do sociólogo Max Weber, que relacionou capitalismo e propriedade privada com protestantismo. A criação católica de minha mãe foi meio que um socialismo de geladeira; agora eu conhecia o capitalismo do iogurte privado.

mas ele era pesado demais. Beto ainda tinha pontos e feridas e usava fraldas para incontinência. Era como um aparelho remendado, e chiando, a uma distância mínima de parar de funcionar de vez. Eu não sabia o que podia ter quebrado agora. Ele começou a me xingar. Eu forcei mais, e ele não subia. Deus, me dê forças, eu pedia, e não podia.

A caixa de suco partida no chão, as cores da gelatina espalhadas, o pacote de sonhos já jogando para fora metade de suas graças, metade coisas mortas que agora nunca seriam de ninguém.

Um vizinho apareceu do nada e pôs meu irmão de volta na cadeira. Juntei com a mão esfolada o que havia restado da compra. E chorei a outra metade do caminho, empurrando devagar o peso. Alguma coisa eu falei com Deus, não sei o quê.

Não éramos normais porcaria nenhuma. Éramos um aleijado quase morto e um animal abandonado.

--

Meu primo Sérgio, filho da tia Célia, era sete anos mais velho, mas, de certa forma, parecido comigo. Era gordo, CDF, tinha *video game* muito antes de mim. Gostava de *heavy metal*, e sua coleção incluía Metallica, Iron Maiden, Black Sabbath, Judas Priest.

Encontrei Sérgio num domingo no quintal de sua casa, com uma pilha de vinis a seu lado.

– Olha só! – ele mostrou um vinil do Metallica que tinha um martelo sangrando na capa. – É o *Kill'em All*, o primeiro.

Tirou do papel o disco preto plastificado, fazendo aquele barulho de bala abrindo. E o jogou na parede feito um *frisbee*. Não quebrou.

– Ô, porcaria, deixa eu pegar mais distância.

Afastou-se mais alguns passos até ficar a uns dez metros da parede e lançou de novo seu disco, que voou bonito e se partiu em uns nove pedaços. Então pegou o próximo, do Iron Maiden, e fez a mesma coisa.

– Que doideira é essa?

– Esses discos são do Diabo e eu não tô mais na unha do Diabo. Agora eu sou da Fé.

Ele havia se convertido havia três meses para uma igreja com o nome minimalista de Comunidade Evangélica da Cidade.

– Mas isso não vale uma grana? Não é melhor vender?

– Se eu vender, vou passar o Diabo para outra pessoa. E isso não é honesto. O que eu tenho de fazer é destruir.

– Oba! Posso ajudar?

– Pode!

E fizemos de *frisbee* uns quarenta vinis naquela tarde.

– Novo lançamento do Ozzy Osbourne!

– Voa, Lúcifer!

– Mais um disco voador do Inferno!

Não sei se havia alguma raridade entre eles. Depois, ateamos fogo às capas. Tia Célia não ficou muito contente com o buraco no gramado.

--

Meu pai conseguiu finalmente recuperar o dinheiro que estava numa conta conjunta com minha mãe. Investiu tudo num negócio. Era uma espelunca num prédio quase assombrado, com garrafas de marcas de refrigerante extintas há vinte anos disputando espaço com teias de aranha no porão. Uma casa de massas sem clientela. O dono antigo foi gentil e, entre coçar a careca e voltar a mão para a massa, ensinou meu pai a fazer macarrão, nas máquinas enferrujadas da cozinha.

Fazíamos as piores lasanhas da cidade, mas ao menos ninguém podia dizer que não provávamos do próprio veneno. Foram muitas noites vivendo a lasanha ruim.

Após voltar a trabalhar, Davi se recuperava rápido. Arrumou uma namorada. Chamava-se Cinthia, era fonoaudióloga, e não era crente de nosso tipo – era metodista, desses crentes de igreja fria. Era ex-namorada de meu tio Lucas, o garotão.

Cinthia tinha 33 anos. Não gostou muito de mim, nem de meu irmão, e não fez questão ou nem soube esconder isso. Diziam que ela era uma pessoa culta demais para meu pai, o que talvez fosse verdade. Nos meses em que ficou com ele, chegou a falar de filhos.

Eu era apenas uma chateação, mas o Beto era um imenso e malcheiroso estorvo. Por causa da paraplegia, continuava tendo as mesmas feridas cirúrgicas do hospital. Escaras, rombos horrendos que minavam pus e deixavam ver o que havia a cinco centímetros abaixo de sua pele. Tinha também incontinência total, e não era uma cena nada leve aos olhos nem ao nariz a hora em que trocavam suas fraldas.

— —

Sérgio me convidou para o culto de jovens da Comunidade Evangélica da Cidade. Todo o mundo me disse que era melhor para um jovem, não aquela coisa quadrada da Assembleia de Deus. Eles tocavam *rock*. Roquinho.

Sérgio, sua irmã Daria, eu e a namorada dele fomos para lá de carro. Na igreja, encontramos a prima Mariana, filha da tia Marta, que havia debandado da Assembleia de Deus de seus pais. Era uma igreja muito limpa, bem-pintada e de construção recente, de arquitetura bem menos pesada que as Assembleias. Lembrava as igrejas caras feitas por arquitetos, como as batistas, presbiterianas e metodistas.

Havia mais de cem pessoas no culto de jovens. A maioria mais velha que eu, em meus catorze anos, entre dezessete e vinte e algo. A banda "de *rock*" tentava imitar Legião Urbana. Os jovens se levantavam, falavam línguas estranhas, pulavam e dançavam.

Sim, dançavam. E orgulhavam-se disso. O pastor lembrava, está no Salmo 150, versos 3 e 4:

> Louvai-O ao som da trombeta; louvai-O com saltério e com harpa. Louvai-O com adufes e danças; louvai-O com instrumentos de cordas e com flautas.

Por "dançar", eles entendiam ficar pulando freneticamente no mesmo lugar, como tentando acertar a lâmpada com a cabeça. Eu tentei um pouco o pogobol de Jesus, mas fiquei com vergonha.

As moças na Comunidade usavam *jeans*. Eu, da quarta cadeira atrás da fileira, assim dizia a Deus:

> Senhor, muito obrigado por estar aqui neste culto tão animado e deixai cair as bênçãos... ai, Senhor, desculpe, eu não queria olhar, mas olhei. Perdoa-me por isso. Como dizia, deixai cair sobre mim suas bênçãos, Jesus e... desculpe ter olhado a bunda daquela outra novamente. Me salve das tentações, Senhor. Abençoa meu irmão, atinge ele agora e... Desculpe de novo!

(Não me passou pela cabeça simplesmente fechar os olhos.)

Quando o culto acabou, os jovens da igreja fizeram um comboio com seus carros para uma festa na casa de alguém. Alguém rico. Havia umas vinte pessoas, em uns sete carros, todos quase zero-quilômetro, e ao menos uma BMW entre eles.

Os carros pararam em fila num lado da rua. Fazia cinco graus, os vidros embaçados não deixavam ver quase nada dos lados. Ouvi uma pancada no vidro do carro.

– Aê, bando de crente!

Demoraram uns dois segundos até eu perceber que era um cara do próprio *bando* que bateu na janela, e eles pareceram achar realmente engraçado. Aparentemente, eu me incluía no "bando". Eram jovens, eram crentes, eu era jovem, era crente – devia me encontrar entre eles. Mas havia alguma coisa com aquela gente, algo que não sabia definir, especialmente no cara que bateu na janela.

Os carros seguiram para a casa do dono da BMW. Subimos dois lances de escada até a sala de jantar, puseram as *pizzas* e os refrigerantes sobre a mesa, e as pessoas se serviram e começaram a formar rodas de conversa.

Entre eles só se falava de coisas relacionadas à igreja, milagres malucos, quem se converteu, quem deixou de cheirar pó, quem era *gay* e não era mais. Nas bandas gospel, Katsbarnea, Resgate, Oficina G3.

Assim como os Adventistas do Sétimo Dia consomem proteína texturizada de soja porque a religião os obriga a ser vegetarianos, ali se consumia *rock* gospel, substituto para o *rock and roll*, uma carne de soja musical, que tem exatamente a capacidade da primeira em fazer as vezes da coisa real.

Botaram pra tocar uma coisa do Katsbarnea que lembrava "Exagerado", do Barão Vermelho, com uma letra assim:

Eu sempre fui a fim de revolução;
Me metia em tudo só pra ver as coisas se transformarem.
Pra ver o mundo mudar de cara,
Desde os *beatniks*, flores nos cabelos, movimento *hippie*.
Toda aquela transa transcendental: paz amor e yoga
Cultura indiana, alimentação natural

Me desdobrava pra ser um cara legal.
Já não tão normal, cansado
da paz plástica que o mundo me dava,
resolvi ser violento, *punk*, visava até ser político

Revolução com armas e canhões, brigadas, sacos de areia nas ruas
Lutar contra quem nunca se viu, esquecendo que o inimigo é o seu próximo
Arame farpado separando as pessoas
Das fronteiras já vejo todos prontos pra matar e morrer

Será que a resposta está na morte de muitos?
Será a solução: a violência? Foi quando parei e pude entender

Revolução que eu sempre procurava está no Cristo, Filho de Deus
E esta canção é para aqueles que não entendem Jesus
e criticam os que entendem

Revolução está no nome de Deus seu Filho Jesus,
que agora conheci
Me libertou das cadeias, dos enganos deste mundo
que sabe muito bem como iludir
Revolução está no nome de Deus Seu Filho Jesus, Espírito Santo,
fogo do céu. Me libertou de vez

Oh Aleluia...oh aleluia...oh aleluia...oh aleluia
Fogo do céu me libertou de vez

– Desliga esse *rock* pauleira aí – gritou a mãe do cara da BMW.

Com ou sem *rock* de soja, as rodinhas ali me tomaram por mascote. Eu era um alvo particularmente interessante para eles exercitarem sua condescendência. Um órfão, um coitadinho. Queriam ver quem me consolava mais, e faziam isso perguntando se eu gostava de refrigerante, enquanto um sorriso de trinta centímetros rasgava sua cara de um lado a outro.

Eram jovens evangélicos, e eu era um jovem evangélico. Estava ali para acabar com a solidão abismal que me tomava desde que havia me mudado para Curitiba. Estava ali para fazer amigos, um que fosse. Certamente eles tinham fé, certamente eles pareciam sinceros. Por que eu não gostava daquela gente? Por que eu não queria ser um no "bando de crentes"?

Senhor, me ajude a gostar dessa gente. Não quero ser sozinho.

Todos demonstravam uma enorme satisfação em estar ali, uns com os outros, com a vida que levavam, com a música, com o assunto. Até a *pizza* devia ter algo de abençoada. Mas estar feliz não era suficiente. Era preciso *parecer feliz*, e constantemente, sem um momento de verificar se realmente está feliz. Parecer que não tem interesses maiores fora daquilo, amigos melhores que aqueles, ou qualquer dúvida adolescente em sua mente que perturbasse essa felicidade tão absoluta. Era preciso demonstrar absoluta *dependência* da igreja.

Em alguns, isso saía naturalmente. Outros não sabiam ocultar seu esforço em parecer. Os primeiros me deixavam mais desconfortável.

O bando de crentes se dissipou por volta das 23 horas. Notei na saída um adesivo no carro de um deles. Era uma seringa quebrada, com uma borracha de torniquete, alusão evidente a drogas injetáveis. Embaixo estava escrito:

JESUS, A ÚLTIMA DOSE.

--

Enquanto voltávamos de carro, ao volante, a namorada do Sérgio lembrou que alguém de outra igreja havia dito que ouvira falar de alguém que ouvira de outra pessoa que, dentro do culto, um crente, amigo do cunhado da prima de alguém, orou para perder peso. "Deus, me faça magro, em nome de Jesus", disse.

– E teve de segurar suas calças no fim! A banha ficou toda lá no chão!

A imagem era asquerosa, mas, se era obra de Deus, não era adequado notar isso. Sérgio se impressionou:

– Gente, que doideira!

A namorada dele tinha mais uma:

– Vocês já ouviram falar em milagre do dente de ouro?

– Não.

– Essa é nova.

– É assim... Tem gente que, enquanto recebe o dom do Espírito, recebe a mão do Senhor em sua boca. Os dentes obturados são trocados por dentes de ouro. Às vezes é ouro amarelo, às vezes é ouro branco. Nesses dentes, fica uma marca de uma pomba, quer dizer, a marca do Espírito Santo. Aconteceu com a cunhada da prima da Edilene, sabe, Sérgio? A namorada do Oscar?

– Sei... Nossa, que viagem!

Meu avô tinha um dente de ouro, mas era implantado. Houve quem tenha criticado essa vaidade. Sérgio animou-se de contar um milagre dele mesmo:

– Num desses dias, minha mãe veio comigo. Ela tava com dor nas costas, e o pastor pediu que ela juntasse as mãos na frente, assim – mostrou fazendo pose de quem vai mergulhar na piscina. – Daí que as costas dela tavam tão tortas que uma mão ficou na frente e outra mais pra trás, desse jeito. Enquanto o pastor foi orando, as costas foram se ajeitando, e quando terminou, as duas mãos tavam retinhas.

– Uau, que bênção!

– Louco, né?

--

Em outros domingos, ouvi mais conversas do banco de trás, a caminho da igreja.

– Sabe a Carla, irmã da Susana?

– Carla?... Carla... Ah, aquela do cabelo curtinho?

– Essa... Então, tá de namorado agora.

– Nossa, ela é novinha... É cristão?

– Nada. Católico.

– Sábado você não veio, o pastor falou um negócio: "Hoje em dia, nos Estados Unidos, tem muita igreja superliberal. Tem até pastor *gay*, e já liberaram sexo antes do casamento".

Antes de qualquer resposta da namorada, Sérgio acrescentou com um sorriso de quina, com uma satisfação maldosa:

– ... mas aaaqui não!

Eu ainda andava um bocado confuso a respeito desse assunto. Havia horas em que voltava a pensar que tudo era errado. Noutras, começava a racionalizar que o que estava proibido não estava. Por exemplo, li no dicionário que "fornicação" significa simplesmente sexo, não "sexo antes do casamento", como diziam. Então pensei: "Ora, sexo por si só não pode estar proibido. Portanto, sexo antes do casamento deve ser liberado".

Passei mais de um mês sem encostar em mim mesmo, e comecei a ter sonhos molhados. Desisti da abstinência quando sonhei que o Dhalsim, personagem de *Street Fighter*, estava lutando e de repente punha para fora seu pênis, e então eu era o Dhalsim, e então eu molhava a cama com o pênis elástico. Acordei me sentindo bizarro.

Seja como for, achei estranho Sérgio ter se mostrado feliz com a dureza do pastor. Era um pouco aquilo de mostrar que é dependente – e mostrar demais.

Acabei desistindo da Comunidade. Foi apenas anos depois que consegui começar a entender o que havia me perturbado neles, aquelas caras de "Jesus é minha heroína". O fato de precisarem fazer de Jesus uma heroína.

--

Chegou o fim do ano e me inscrevi num teste para o segundo grau, no Colégio Estadual do Paraná, que era então considerado a segunda melhor escola pública do estado. Entrei no corredor do primeiro andar, pedi a ficha de inscrição, deram-me e preenchi eu mesmo.

Senti-me tentado a escolher por mim mesmo o curso. Havia comentado com o velho pai que queria tentar para ator.

– Filho meu não vai ser *gay*! Antes morto que *gay*!

É certo que há muitos *gays* no teatro, mas isso me parecia ofensivo. Alguém me ensinaria a ser *gay*, por acaso? Será que ele achava que o curso tinha aulas de "Pederastia I", "Sodomia II" e "Efeminação IV"?

Como eu mesmo não tinha certeza do currículo de teatro, cheguei a um acordo com o velho. Marquei técnico em informática porque queria criar *video games*, e era a "carreira do futuro". Ainda hoje, não sei se essa foi uma das decisões mais certas ou mais erradas da minha vida. A segunda opção era técnico em prótese odontológica – eu, definitivamente, não sabia o que queria.

--

Descobri onde era a Assembleia de Deus do bairro. Era pequena e de crentes bem pobres e antigos. Lá eles conheciam o nome de meu avô. Então, deixaram eu pregar novamente.

– Convido a Igreja a abrir a Bíblia sagrada no livro de Jó, capítulo 1, versículo 1:

1. Havia um homem na terra de Uz, cujo nome era Jó. Era homem íntegro e reto, que temia a Deus e se desviava do mal. **2.** Nasceram-lhe sete filhos e três filhas. **3.** Possuía ele sete mil ovelhas, três mil camelos, quinhentas juntas de bois e quinhentas jumentas, tendo também muitíssima gente ao seu serviço; de modo que este homem era o maior de todos os do Oriente. **4.** Iam seus filhos à casa uns dos outros e faziam banquetes cada um por sua vez; e mandavam convidar as suas três irmãs para comerem e beberem com eles. **5.** E sucedia que, tendo decorrido o turno de dias de seus banquetes, enviava Jó e os santificava; e, levantando-se de madrugada, oferecia holocaustos segundo o número de todos eles; pois dizia Jó: Talvez meus filhos tenham pecado, e blasfemado de Deus no seu coração. Assim o fazia Jó continuamente. **6.** Ora, chegado o dia em que os filhos de Deus vieram apresentar-se perante o Senhor, veio também Satanás entre eles. **7.** O Senhor perguntou a Satanás: Donde vens? E Satanás respondeu ao Senhor, dizendo: De rodear a terra, e de passear por ela. **8.** Disse o Senhor a Satanás: Notaste porventura o meu servo Jó, que ninguém há na terra semelhante a ele, homem íntegro e reto, que teme a Deus e se desvia do mal? **9.** Então respondeu Satanás ao Senhor, e disse: Porventura Jó teme a Deus debalde? **10.** Não o tens protegido de todo lado a ele, a sua casa e a tudo quanto tem? Tens abençoado a obra de suas mãos, e os seus bens se multiplicam na terra. **11.** Mas estende agora a tua mão, e toca-lhe em tudo quanto tem, e ele blasfemará de ti na tua face! **12.** Ao que disse o Senhor a Satanás: Eis que tudo o que ele tem está no teu poder; somente contra ele não estendas a tua mão. E Satanás saiu da presença do Senhor. **13.** Certo dia, quando seus filhos e suas filhas comiam e bebiam vinho em casa do irmão mais velho, **14.** veio um mensageiro a Jó e lhe disse: Os bois lavravam, e as jumentas pasciam[5] junto a eles; **15.** e deram sobre eles os sabeus, e os tomaram; mataram os moços ao fio da espada, e só eu escapei para trazer-te a nova. **16.** Enquanto este ainda falava, veio outro e disse: Fogo de Deus caiu do céu e queimou as ovelhas e os moços, e os consumiu; e só eu escapei para trazer-te a nova. **17.** Enquanto este ainda falava, veio outro e disse: Os caldeus, dividindo-se em três bandos, deram sobre os camelos e os tomaram; e mataram os moços ao fio da espada; e só eu escapei para trazer-

5 Pastavam.

-te a nova. **18.** Enquanto este ainda falava, veio outro e disse: Teus filhos e tuas filhas estavam comendo e bebendo vinho em casa do irmão mais velho; **19.** e eis que sobrevindo um grande vento de além do deserto, deu nos quatro cantos da casa, e ela caiu sobre os mancebos, de sorte que morreram; e só eu escapei para trazer-te a nova. **20.** Então Jó se levantou, rasgou o seu manto, raspou a sua cabeça e, lançando-se em terra, adorou; **21.** e disse: Nu saí do ventre de minha mãe, e nu tornarei para lá. O Senhor deu, e o Senhor tirou; bendito seja o nome do Senhor. **22.** Em tudo isso Jó não pecou, nem atribuiu a Deus falta alguma.

– Deus abençoa as pessoas que O seguem, praticando a boa obra no mundo. Jó era rico, tinha uma vida tranquila. Mas, quando Deus está dando as coisas para você, é fácil ter fé. Por isso, Deus nos faz provas de fé. Jó perdeu tudo, e ia perder ainda mais, mas sabia que seu Deus era por ele e, se Deus está por nós, quem estará contra nós? Jó não perdeu sua fé! Amém?

– Amém.

– Se você tiver fé e suportar até o fim, Deus lhe dará tudo em dobro, como ele fez com Jó. É assim que Deus separa os seus. O joio do trigo. O justo do injusto. Aleluia!

– Aleluia!

Tomei uns cinco segundos encarando aqueles crentes antiquados. A igreja parecia satisfeita.

– Tenho um testemunho. Neste instante mesmo, Deus está provando minha fé. A minha mãe morreu num acidente de trânsito ano passado e meu irmão ficou paralítico. Ele tem incontinência e escaras – é muito feio. Minha família, eu acho, não gosta muito de mim. Minha escola é ruim. Doente eu não fiquei, mas a gente tem vivido... em desgraça. Uma miséria, uma tristeza só.

A igreja caiu em silêncio. Não que eu tivesse ofendido alguém, mas o que estava dando ali era um antitestemunho. Sobe-se ao púlpito para contar aquilo que Deus faz a você, mas o que Ele não faz é coisa sobre a qual se cala. No máximo, eu deveria ter pedido orações para mim, não ilustrar um fracasso com a Bíblia.

– Mas... mas eu tenho fé de que as coisas irão melhorar. No futuro irão melhorar! Amém?

– Amém – um relutante *Amém*.

– Convoco a igreja a cantar comigo o hino da Harpa Cristã número 111.

Deus prometeu com certeza
Chuvas de graças mandar;
Ele nos dá fortaleza,
E ricas bênçãos sem par

"Chuvas de Graças" é um hino animado, com um ritmo meio jazzístico, mais ou menos como "E os santos irão marchando".[6] E eu dei então o máximo da minha voz. Que era muito pouco.

Chuvas de graças,
Chuvas pedimos, Senhor;
Manda-nos chuvas constantes,
Chuvas do Consolador.

Cristo nos tem concedido
O santo Consolador,
De plena paz nos enchido,
Para o reinado do amor.

Dá-nos, Senhor, amplamente,
Teu grande gozo e poder;
Fonte de amor permanente,
Põe dentro de nosso ser.

Vi, naquelas quinze ou vinte pessoas, alguma coisa saltando de um para outro, contaminando cada espírito. A piedade pelo testemunho de desgraça deu lugar a sorrisos de escárnio.

Faze os teus servos piedosos,
Dá-lhes virtude e valor,
Dando os teus dons preciosos,
Do santo preceptor.

6 "When the saints go marching in", celebremente interpretada por Louis Armstrong

Ao dar as costas ao púlpito, ouvi risos abafados. Voltei a meu lugar e calei a boca pelo resto do culto. Não cantei os hinos com o resto da igreja. Uma crente local contou que Jesus a havia curado de uma gripe muito forte. E depois falou um visitante de fora, desses que vendem coisas na saída do culto. O pastor encerrou o culto e saí sem ver a cara de ninguém.

Acabei me detendo em frente à barraquinha de camelô do pastor visitante, que vendia seus adesivos coloridos. Adesivos de Smilinguido,[7] corações dourados "Jesus te ama", marcadores de livro, bíblias. Deu-me um sorriso de vendedor:

– Precisa de alguma coisa, cantorzinho?

– Vendilhão! Vendilhão do templo!

Não, eu não disse isso. Disse "não" e caminhei sozinho para a casa da tia Célia, detestando tudo a respeito de mim mesmo, e um pouco a respeito deles.

--

Chegou o dia da prova no Colégio Estadual. Eu me preparei orando. Estava confiante, só tirava 9 e 10, afinal.

A escola ficava num prédio neoclássico enorme, maior que os *campi* de muitas universidades. Os corredores tinham mais de quatro metros de pé-direito. Tudo passava uma imagem muito respeitável, muito tradicional – para aprender, ali era o lugar. E eu era capaz de aprender com eles, ali seria o lugar para mim.

Com a prova à minha frente, descobri que, para entrar naquele colégio público, somente pagando uma escola particular. Muito pouco daquilo havia sido me passado pelos professores em São Paulo ou no Paraná.

O tempo limite ia chegando, e eu não aprendia a matéria.

Deus, o Senhor sabe que eu preciso passar neste teste, preciso ter um ensino decente. Por favor, Senhor, guie minha mão agora.

E, assim, completei os oitenta por cento da prova que não entendia. Saí confiante.

--

7 Personagem de quadrinhos. Smilinguido é uma formiguinha gospel, bastante popular entre evangélicos.

Meu tio Lucas não era exatamente crente. Havia assistido *A vida de Brian*, filme do Monty Python que parodia Jesus.

– É muito engraçado, mas a heresia é pesada. Não recomendo. Ou recomendo, mas você tem de relativizar, sabe?

Trouxe um lançamento da videolocadora, um filme novo de Steve Martin que foi traduzido para *Fé demais cheira mal*.[8] Filme em que Steve Martin é um pastor claramente charlatão que vaga de cidade a cidade rapelando a população local, mas que acaba desenvolvendo uma consciência e vivenciando um milagre de verdade. Assistimos ao filme eu, ele, Cinthia e meu pai.

O pastor de Steve Martin forja milagres e dá explicações tortuosas; quando pego em flagrante, aponta o Demônio e o acusa. Meu pai adorou o filme, comentou por muitos dias.

– Bando de pastor ladrão, devia mais é ser preso.

Para muitos pentecostais, "pastor ladrão" traz uma associação automática com certa igreja muito célebre[9] – exceto, claro, para os membros dessa igreja. Mas essa igreja não era a do filme, o que significava que existiam outras igrejas suspeitas.

Acontecia então que eu estava tentando a sorte com uma nova igreja perto de casa. Havia ido a dois cultos de uma Igreja do Evangelho Quadrangular. Um templo muito estranho, uma grande barraca de lona azul e branca, parecida com um circo.

A Quadrangular não é considerada pelos pesquisadores *neopentecostal* como as outras comunidades, ela é muito antiga para isso. Mas o culto é virtualmente idêntico, gente que não se veste de crente, guitarras elétricas, danças.

O filme de Steve Martin retratava uma igreja em lona de circo com danças e gente que não se vestia de crente. Tive de resolver um impasse: ou eu achava que aquela sátira era algo diabólico, ou colocava sob suspeita a minha nova igreja.

Fiquei sem igreja mais uma vez.

--

8 *Leap of Faith*, 1992, dirigido por Richard Pearce.

9 Não vamos mencionar seu nome porque ela também é célebre por seus processos.

O ano de 1992 terminava, e estava contente de me ver livre daquela escola deprimente e seus caipiras raivosos.

Fui sozinho ao pátio do Colégio Estadual do Paraná. Chovia, eu estava de guarda-chuva, pinicando a orelha de outras pessoas. Antecipava a vitória ao ver meu nome na lista de aprovados, a bajulação dos parentes, lembrando o quanto eu era inteligente. Um futuro para mim estava naquela escola portentosa.

Não tínhamos agora o privilégio de entrar lá. Em vez disso, sob a chuva, tínhamos de consultar as folhas presas num mural.

Procurei o curso, e eram duas páginas, acho. E então havia, A, B, C... F. Em F, uma Fabiane, um Fábio Luiz Pereira e um Fernando, nenhum espaço entre eles para haver um Fábio R.

Taquicardia... e parecia que a pele do meu rosto ia derreter e cair junto com as orelhas. Virei de costas, tentando não chorar, fiz uma prece. Pedi que Deus fizesse meu nome aparecer ali. Tirasse as *escamas* de meus olhos que não me deixavam ver.

Os nomes não se afastaram na lista. Continuava a mesma implacável sequência de letras, na qual definitivamente não estava meu nome. Então passei a olhar o curso noturno. E outros cursos – quem sabe tivessem trocado. Conferi as páginas onde estavam três mil e quinhentos estudantes que frequentariam o colégio no ano seguinte.

Deus não havia modificado minhas respostas no papel, nem fez o professor que corrigia ler as respostas certas onde eram erradas, nem tornou mais burros os alunos concorrentes. Saí de lá embaixo de chuva, chorando, arrastando os pés e murmurando o que Jesus disse quando soube que ia morrer:

Senhor, Senhor, por que me abandonaste?[10]

Fui andando, todo encharcado, por seis quilômetros, até a casa de massas. Cinthia também estava lá. Não se surpreenderam, não me destrataram:

– Calma. Quem sabe no ano que vem?

---

10 Mateus, 26:47

No fim do ano de 1992, lembramos um ano da morte de minha mãe. Meu pai e tio Levi foram ao cemitério; eu não. Não havia ainda placa na sepultura, foi o que me disseram. Esqueceram de levar flores e tomaram *emprestadas* de outro túmulo. Acharam isso muito engraçado.

Meu avô fez um discurso trágico, aquele assunto de sempre: provas de fé. Que talvez fosse tudo para o bem, afinal estávamos agora todos juntos. Os fogos estouraram murchos.

Eu não queria mais estar junto, eu queria voltar para casa. Já estava sem casa há quase um ano. Passei as férias de 1993 em São Paulo, na casa dos parentes da minha mãe. Revi meus amigos, joguei *video game*. Joguei RPG também. Queria minha vida de volta. Os parentes de minha mãe perceberam e frustraram o plano antes que evoluísse:

– Um filho deve ficar com o pai – disse à mesa de jantar o patriarca da casa, tio Antônio.

--

Com o fracasso para entrar no Colégio Estadual, fui para uma escola privada, o Bagozzi, um colégio católico ligado à Paróquia Bom Jesus do Portão. Seguindo o plano inicial, comecei o curso de técnico em informática à noite. De dia, fazia massa de macarrão na loja de meu pai. Eu achava isso interessante, mas ele detestava. Era coisa de mulher isso de cozinhar.

As pessoas no noturno eram mais velhas, repetentes e cansadas. Não havia *bullies*, mas eu achava tudo um pouco triste. Soube que teríamos aula de Ensino Religioso. Lembrei-me da guerra da época da escola adventista, e esperei pelo pior.

O professor era um gorducho loiro e meio calvo, que me lembrava vagamente o pastor Oseias. Ele nunca disse ser padre, mas deduzi que não poderia ser outra coisa, já que estávamos numa escola católica. Era uma figura de pura bonomia, um padre pançudo, um Frei Tuck. Oficialmente a igreja dele e a minha – que, nessa altura, eu nem sabia dizer mais qual era – estavam em guerra.

– A mente humana é como um pote.

Desenhou o pote no quadro de giz.

– Você joga ali dentro coisas boas...

Fez uma bolinha azul.

– ... ou ruins.

Riscou um asterisco em vermelho.

– Não dá para tirar nada de lá.

Fez o gesto como se quisesse pescar algo com a mão.

– O máximo que a gente pode fazer é colocar mais coisas boas que ruins.

Ficava esperando a hora em que ele tentaria nos converter ao catolicismo, mas, assim como na escola adventista, a aula de Ensino Religioso não fazia proselitismo. Em outra noite, o padre autoajuda nos aplicou, sabe-se o Deus dele por quê, um teste de QI. O meu deu 108 – o que não é nada de mais, mas foi o segundo mais alto da classe. O padre chamou a mim e ao outro rapaz esperto para conversar, dizendo que não devemos desperdiçar essa inteligência.

Não resistindo ao elogio, passei a simpatizar com o padre, e fiquei meio sem saber o que pensar. Tinha a obrigação de detestar aquele cara, mas ele definitivamente parecia só querer o bem das pessoas. Parecia uma pessoa melhor que seu sósia, o pastor Oseias.

Se um dia o professor assumiu que era padre, eu não estava mais lá para ver: na metade de 1993, meu pai fez um pedido de transferência para o Colégio Estadual do Paraná. Dessa vez, não precisei saber matérias ocultas: as notas boas no Bagozzi garantiram minha entrada, sem milagres.

Cinthia sugeriu que meu irmão devia ser internado numa instituição. Num gesto de liberalidade, eu poderia ficar com eles. Meu pai terminou com Cinthia.

Minha tia Marta frequentava uma instituição chamada União dos Empresários de Cristo. Domingos, o marido, era um funcionário público, não um homem de negócios. Mas a UEC é mais um clubinho exclusivo para crentes endinheirados que uma associação de classe. Era particularmente popular entre assembleianos ricos, já que os membros de igrejas de classe média, como as comunidades ou a do Evangelho Quadrangular, podiam dispensar esse tipo de recurso. Ainda assim, alguns crentes modernos frequentavam a UEC, que servia como ponto de intercâmbio entre pessoas da Assembleia e essas igrejas. Uma dessas pessoas era amiga da assembleiana tia Marta. Gina era quase cinquentona, divorciada de um dos maiores empresários do varejo da cidade, com quem tinha um filho adulto, um adolescente adotado e uma espécie de governanta adolescente meio empregada, meio também adotada. Vinha de uma das comunidades e morava numa mansão de um quarteirão inteiro.

À maneira de nosso terraço no Rochdale, em Osasco, Gina fazia cultos na própria casa. A casa dela ocupava um quarteirão inteiro, tinha piscina, um bosque, uma TV de noventa polegadas, três geladeiras de produtos importados e um Super Nintendo.

Foi no meio do inverno, com janelas embaçadas, que estacionamos no jardim da mansão o fusca de meu pai. Havia outros quinze carros. Os cultos eram no salão de festas num andar superior, revestido de madeira clara, com almofadas caras e sistema de som próprio. Chegando antes do culto, encontramos os crentes socializando.

Gina tinha quase 1,80 metro e pesava mais que meu pai. Sua monumental figura circulava entre os crentes coberta por um vestido roxo, joias e maquiagem pesada, com sombras azuladas nos olhos, bronzeamento artificial e cabelo pintado de vermelho. Parecia uma perua do Oriente Médio.

– Eu fui para Israel no fim do ano passado. Lá eles gostam de mulheres gordinhas, sabiam? Um beduíno disse pra meu filho que dava duzentos camelos por mim.

Protegido por cem metros de quintal até os vizinhos, o culto na casa de Gina já começou barulhento. E eu colaborava com o barulho: estava grato a Deus pela entrada no Colégio Estadual, com grandes expectativas. Faltava apenas voltar a ter uma casa. Isso tudo eu comuniquei a Ele.

Então, o fervor todo à minha volta me deu outra ideia. Sim, por que não? Não seria essa a hora? De subir ao próximo nível em relação a minha fé?

Pedi a Deus para ser batizado no Espírito Santo. Pedi, e por dez minutos repeti meu pedido, e mais uma vez. Ou melhor, eu especulava, não pedia: "Eu sinto, Senhor, será agora?". À minha volta, falavam:

– *Anoderrai, saramaleque, malicolahai, anoderrai. Ajuriarrai. Hiakiuinam aitiatai tuimuon pumubau.*

Sem aviso, de minha boca saiu:

– Oh, *suricantaramarrai, irimianda, suricanta,* Jesus maravilhoso, oh senhor dos céus, *surianda, surimicanta.*

E prossegui, automático, deixando que a boca se movesse sem ideia do que eu mesmo estava dizendo:

– *Suriandaramarrai, aramarria, arimianda, surimicanta...*

Era certamente louvor a Deus, ainda que não fizesse ideia do que estava dizendo:

– *Suricantaramarrai, surimicanta, arimicanta, suricantaramarraia...*

E chorei, e falei mais alto, gritei aos céus, presenciando a glória máxima, o milagre em mim, o momento maior. Estava sendo batizado no Espírito Santo.

Após uns dez minutos, eu e todos pusemo-nos de pé, e falei em português à minha tia:

– Tia Marta... olha aqui.

Abri a boca para a tia examinar. Ela sabia o que eu queria dizer. Abriu um enorme sorriso sincero e pôs-se a anunciar a quem quisesse ver. E muitos vieram para olhar a maravilha ali:

– Ele ganhou um dente de ouro branco! Com uma pomba desenhada!

– Jesus, é verdade! Vem ver, Davi! Aleluia!

Corri até o banheiro para ver eu mesmo. Abri a boca o máximo que pude, mas era escuro, torto, difícil de ver com certeza. Estiquei a cabeça, puxei o espelho para o lado. Tentei virar a boca para a luz.

Não era o dente inteiro, mas a obturação que havia no meu primeiro molar. Parecia brilhante numa prata pura, não cor de chumbo da amálgama. Acima dela, as curvas do entalhe formavam uma minúscula pomba, o símbolo do Espírito Santo.

Meu pai parecia mais interessado na anfitriã que no milagre.

COMO DEIXEI DE SER CRENTE Nº 4: igreja ou seita?

Seitas são instituições difíceis de definir. O movimento antisseita dos Estados Unidos começou com protestantes conservadores que combatiam, nos anos de 1930, igrejas de teologia consideradas então exóticas, mas cujos fiéis são hoje reputados como cristãos ordeiros, como os mórmons, os testemunhas de Jeová e os adventistas do sétimo dia.

Em 18 de novembro de 1978, o reverendo Jim Jones conduziu ao suicídio com cianureto 909 membros de sua igreja, 276 dos quais crianças. O lugar era Jonestown, vila batizada dessa forma narcisista, no meio da selva da Guiana. Horas antes, a igreja havia assassinado nove forasteiros, inclusive um congressista americano, que decidiram investigar o que estava acontecendo ali. Mataram-se antes da polícia chegar.

À primeira vista, a igreja de Jones, que começou quando o "profeta" viveu no Brasil, não se parece em nada com as igrejas evangélicas. Jones chegou a dizer que a Bíblia era uma justificativa dos brancos para subjugar os negros, que era ateu, marxista, reencarnação de Buda, Gandhi, Jesus e Lênin. Ele também proibiu o sexo antes do casamento, mas ele próprio se relacionava com membros de ambos os sexos da igreja. Fazia cerimônias com ácido lisérgico – isso e o discurso radical fizeram com que sua igreja *hippie* contasse com certa simpatia em meios vanguardistas americanos dos anos de 1960 e 1970.

O que uma seita tão bizarra poderia ter em comum com as conservadoras igrejas pentecostais, cheias de gente tão certinha que chega a parecer esquisita? Depois do incidente em Jonestown, muitos sociólogos e psicólogos passaram a se interessar pelo comportamento das seitas. Uma definição clássica foi dada pelo psiquiatra Louis Jolyon West:[1]

> Um culto é um grupo ou movimento exibindo grande ou excessiva devoção ou dedicação a uma pessoa, ideia ou coisa e empregando técnicas manipulativas antiéticas de persuasão e controle (ex.: isolamento de antigos amigos e família, debilitação, uso de métodos especiais para aumentar a sugestibilidade e subserviência, poderosa pressão de grupo, controle de informação, suspensão da individualidade ou de julgamento crítico, promoção da total dependência do grupo e medo de deixá-lo etc.) destinadas a fazer avançar os propósitos do líder do grupo contra os interesses reais dos membros, família e comunidade.

1 West, L. J.; Langone, M. D. (1985). *Cultism: A conference for scholars and policy makers. Summary of proceedings of the Wingspread conference on cultism*, 9–11 September. Weston, MA: American Family Foundation.

Devoção excessiva a uma pessoa é fenômeno visto tanto em Jones quanto, em nosso caso, no pastor Oseias, e talvez também nos jovens da comunidade e seu pastor, recebendo de forma entusiasmada uma proibição, uma prova de que ele comandava. Sintomas como isolamento de antigos amigos são testemunhados por qualquer pessoa que conheça alguém que tenha se convertido – Jones foi mais longe, indo morar numa floresta. Em parte, isso é apenas por causa da mudança de hábitos: um amigo de bar se converte e para de beber, ou os assuntos e piadas antes comuns passarão a chocar o novo crente. Uma poderosa pressão de grupo também é algo comum, como nos assuntos monocórdicos das conversas entre os membros da igreja, e sua tendência a estigmatizar tudo o que é de fora, tomado por diabólico – às vezes criando seus substitutos aceitáveis para esses prazeres proibidos: o *rock* gospel, por exemplo.

Outro procedimento comum é a manipulação da informação, quando se proíbem os crentes de escutar a música do mundo, de ler livros e filmes comuns, e às vezes de usar produtos de limpeza, como veremos adiante. Os fiéis têm de viver num ambiente com notícias à parte, com milagres e teorias da conspiração malucas não compartilhadas pela maioria das pessoas, em que a imprensa e o cinema investem contra os crentes ao dar notícias negativas sobre as igrejas por estarem a soldo da Igreja Católica. Ou, quem sabe, até mesmo o jornalista ou artista ter pacto com o Demônio – para os pentecostais, essa é uma situação corriqueira. De ouvi-los discutir o assunto, fica a impressão de que qualquer artista de sucesso que não seja crente assinou uma carta com sangue numa encruzilhada.

A dependência emocional pode se tornar econômica, se alguém conseguir um emprego pela cota de ser um pentecostal, trabalhando para outro crente.

Não acredito que as igrejas pentecostais sejam seitas, instituições perigosas, como o templo de Jim Jones ou a seita Aum Shinrikyo, que atirou gás sarin no metrô de Tóquio em 1995. As igrejas são um perigo, se muito, para a coerência intelectual do crente. Além disso, evangélicos pentecostais são mais integrados ao resto da sociedade que membros de seitas. Apesar de não ouvirem qualquer música, de só fazerem festas meio chochas entre eles mesmos e de evitarem ter amigos fora da igreja, eles têm empregos comuns, assistem ao noticiário da TV e, em geral, à maioria dos filmes – aqueles que não são considerados diabólicos. Além do mais, as igrejas não costumam estimular as pessoas a se separar da família, mas a trazer os parentes para dentro dela.

É preciso avaliar bem a relação que se tem com a igreja. É saudável ter um grupo de amigos com interesses em comum e ser ajudado por eles em situações de necessidade. Já viver num círculo encapsulado contra o mundo exterior, acusado de ser hostil e impuro, isso não me parece uma boa coisa.

PARTE 4:

ESCAMAS DOS OLHOS

E conhecereis a verdade, e a verdade vos libertará.
(João, 8:32)

Os convidados à beira da piscina esforçavam-se em estar mais perto da aniversariante, que os atraía como objetos no espaço puxados pela gravidade de uma massa maior, orbitando em torno dela. Uma massa maior num vestido creme, colares de pérolas de verdade e um chapéu combinando, comemorando seus 48 anos.

Preso a ela por um cordão invisível, meu pai estava dispensado de orbitar. Com o incentivo entusiástico de tia Marta, que afinal havia apresentado os dois, Davi continuou a frequentar os cultos em sua casa, e logo depois desaparecer certas noites, enquanto o carrão de Gina passou a ser visto em frente à casa de minha avó, onde ele morava aos domingos. Assumiram a relação após duas semanas.

Conversava animado na roda dos homens. Usava bermuda cáqui e camisa polo rosada, cor impensável para ele antes. Gina havia jogado fora seu guarda-roupa e comprado um novo, dizendo o que era chique e o que era brega. Rosa era chique.

Contava um dos ricos:

– Mordeu uma corvina e ela quase me puxa pra água. Devia ter uns dez quilos. Dei quase meio molinete pra ela, mas não cansava.

– Me lembrou quando tirei uma traíra da represa. Pensei que ia quebrar a vara.

Davi usava sua modesta experiência no sítio dos parentes caipiras para tentar se enturmar com os pescadores ricos, falando de seus barcos e equipamentos importados. Eles davam linha para ele, e ele não parecia se cansar.

– Puxa, deve ter sido... interessante?

– Acho que pesquei no rio quando era criança.

– Pantanal é uma pesca em rio que não é ruim, não.

Eu tinha direito a minha dose de condescendência também. Num caderno de escola, escrevia um romance de ficção científica terrivelmente ruim, com alguns desenhos ao lado. A irmã mais velha de Gina, Dora, fingia que lia.

– Esse menino é intelectual!

A conversa de pescaria e cadernos rabiscados parou. Os corpos menores orbitando o gigante gasoso se reagruparam, formando um corredor que se fechava em direção à porta automática. Estava sendo aberta por fora e ia revelando por partes o que interessava tanto às tias. Das rodas ao teto, surgia uma BMW vinho, que ninguém tinha visto antes. Dentro, o filho *playboy* e gastador, com quem Gina vivia brigando.

Estacionou entre as tias, saiu e bateu com a mão na lataria.

– Feliz aniversário, mãe.

Gina entrou alegremente no brinquedo novo. Ouviu o motor, andou dois metros, testou o estofamento. As tias à volta gravitaram novamente em torno dela e passaram a alisar a capota do carro como se fosse um cavalo de raça.

Desligou o motor, parou ao lado e achou que era hora de improvisar um discurso de agradecimento:

– Desde que deixei Jesus entrar na minha vida, tem sido tudo uma grande bênção. Tenho novas amigas em Jesus aqui em volta, o Davi e meu filho que muito me ama... é... muito amor no meu coração e na vida! Não sinto mais a angústia que antes eu tinha no coração. Então quero dizer que eu me sinto abençoada pela presença de vocês todos aqui e pela vida que tenho agora. Viva Jesus!

A fortuna ela havia herdado do primeiro marido, que não passava nem perto de ser crente e a havia trocado por uma moça com metade de sua idade, talvez duas, como na piada. Consistia a riqueza de Gina na casa e a quarta parte dos rendimentos de uma loja que ocupava um quarteirão inteiro.

Sobre a mesa, todas as bobagens importadas do início da abertura econômica que vivíamos, porres de *marshmallow*, batata Pringles, doces europeus esquisitos. Como consolação aos convidados não crentes, havia bebidas alcoólicas, mas mesmo eles tiveram de participar da cantoria para Jesus e de uma oração de mãos dadas em círculo, essa coisa que depois seria vista em partidas de futebol.

Voltei para o carro de minha tia Marta, que era quem me hospedava então, e, no caminho de volta, tinham um só assunto. "Bênção de carro."

Meu irmão não estava na festa. Meu pai ficou por lá.

—

Entre períodos na casa da mãe e das irmãs, e sem qualquer vontade de ter uma casa própria sem uma esposa para lavar suas cuecas (ou com dinheiro para pagar quem lavasse), Davi estava sem lugar próprio. Assim, ficou um tempo hospedado na casa da coroa milionária. Tecnicamente, era apenas um favor da namorada, ainda que me parecesse um negócio.

Ninguém perguntava nada, ninguém dizia nada. Aliás, havia um pastor na festa, e também se despedia com um sorriso equatorial ao deixar o casal sozinho na mansão. Nenhum pecado a ser visto aqui, façam o favor de se dispersar.

Pelo que eu já podia observar então, na prática, sexo fora do casamento é tabu para dois tipos de pessoas: jovens e pobres. Ambos os grupos não são os que deixam as melhores colaborações no saquinho vermelho das ofertas. Em toda minha história com evangélicos, nunca, em qualquer época, ouvi falar de um pagante de dízimo que fosse excluído da igreja por fornicação – ou, pensando melhor, por qualquer pecado. Meu pai sempre pagou, nunca ouviu nem advertência. Hoje, em 2011, Davi está em seu sexto casamento (sétimo, contando com uma que morou na casa dele um mês, sem assinar papéis). Não tem por hábito esperar pelas bênçãos de um pastor ou juiz de paz antes de, vamos dizer, iniciar suas noivas.

Enquanto eu escrevia este livro, resolvi perguntar a ele por que dizimista nunca era excluído. Ele não percebeu que eu estava falando dele próprio e me contou uma história. Com seu pai, o pastor Rubens.

Lá por 1970 e algo, um crente desses de paletó ensebado por gosto, não miséria, chegou a meu avô e disse:

– Pastor, eu venho da comunidade de Sertanópolis. Meu pastor me excluiu de lá. Eu queria congregar na sua igreja.

– O que aconteceu?

– O pastor é preto, eu... Bem, tudo bem como irmão de fé ou quem sabe diácono, mas pastor... líder... mandando na gente? Não, aí tem alguma coisa fora do lugar. Eu não aceito isso. Comentei isso com alguém e chegou até o pastor. Ele me excluiu. Mas isso é errado, ele me excluiu em causa própria!

– Então você acha que Deus gosta de racismo...

– Não, não é racismo! Eu não sou racista. Eu mesmo tenho amigos negros! É só... como eu falei, a ordem das coisas. Veja, pastor, sou um comerciante de sucesso... posso oferecer um dízimo... um dízimo gordo para sua igreja!

– Muito bem, você pode congregar na minha igreja.

– Obrigado, pastor!

– ... assim que conseguir uma carta de recomendação do seu pastor. Até então, leve seu dízimo gordo para outro lugar.

--

Meu primeiro dia de aula no Colégio Estadual do Paraná teve tom de provação. O uniforme era – e até hoje é – muito feio: uma calça azul e uma camiseta branca com o brasão. Eu não tinha ainda uniforme no primeiro dia, e assim as zeladoras me fizeram ir até um depósito procurar por camisetas de reserva. Elas me deram uma blusa com um número menor e a calça com um número maior.

Assim estropiado, saí perguntando onde era 1º A Técnico em Informática. Não achava a classe e pedi ajuda a um moleque magrelo, mais alto que eu, ar de fanfarrão.

Andei meio colégio, em seus lances de escadas de cinco metros, até descobrir que o lugar para o qual ele havia apontado era um abrigo antiaéreo construído na época da Segunda Guerra, servindo de depósito de carteiras velhas. Minha sala era no fim do corredor do segundo andar, justamente no andar onde eu havia pedido informações ao magrelo. E não por acaso o piadista era da minha classe. Ainda estava no corredor. Dei um safanão: "Qual é, palhaço?". Não era de briga, e recuou: "Ô, vai engrossar, é?". Chamava-se Enrico, o piadista.

Na sala, sentei-me na terceira fileira, no canto. Havia mais ou menos tantas moças quanto caras e, de novatos, eu e outros cinco. O professor nos causou o constrangimento de nos apresentar.

Nesse primeiro dia, às três da tarde, o céu escureceu como se fosse noite. Por alguns instantes, pensei novamente no fim do mundo, em trombetas, decolar, no arrebatamento, mas percebi que era só chuva mesmo.

––

A igreja responsável pelos cultos na casa de Gina era grande, tinha endereço fixo e o pastor era um gordinho de bigode chamado Oswaldo. Acabou dando um cargo de diácono para meu pai, talvez porque ficasse bem nos seus ternos novos.

Como diácono, a função de meu pai era abrir as portas para receber os crentes e evitar confusão, uma espécie de leão de chácara. Na prática, a maior atividade era separar casais de namorados.

Não se saiu um bom diácono. O problema dele era que, mesmo tendo nascido na igreja como filho do pastor e nunca cometido esses pecados comuns de beber, fumar, ouvir *rock and roll* ou ler um livro, faltavam nele algumas coisas nisso de ser crente. Um tanto de decoro na função:

– Mas o que é isso aqui?! Aqui é uma igreja, não a casa da mãe joana. Vão procurar um quarto, cacete! (Ai, caralho, eu disse cacete?) Não, não, não... Esquece tudo, não vão procurar quarto. É só casando. Sem putaria na igreja, por favor!

––

Além de "Jesus, a última dose", outro adesivo de carro fazia sucesso entre a ala moderna dos Servos do Deus Vivo. Havia um sargento mal-encarado berrando em letras enormes para quem lia:

PÔ, MEU, SE LIGA EM JESUS!

Depois de extensiva discussão, os crentes decidiram que o adesivo era inadequado, porque "pô" é uma contração de "porra". Então o "pô" caiu e ficou:

Ô MEU, SE LIGA EM JESUS!

SEXO ORAL: uma ameaça para a igreja

O casal cristão muitas vezes tem dúvidas em seu cotidiano sobre o que é lícito em sua vida íntima. Desde que aconteça dentro da instituição do casamento consagrado EM NOME DE JESUS, o sexo é para o casal não apenas uma forma de seguir a ordem do Senhor de "crescei-vos e multiplicai-vos" como também uma fonte lícita de prazer. Não há pecado nisso.

No entanto, é preciso lembrar que há atos naturais e há atos não naturais. Não é porque o casal esteja vivendo dentro de uma união consagrada que tudo seja permitido.

Nem todos sabem disso, mas não foi o homossexualismo a única abominação pela qual o Senhor destruiu Sodoma e Gomorra em Gênesis, 19:24-25. Qualquer ato antinatural é considerado abominação, sodomia. Qualquer outro tipo de penetração, que não possa naturalmente gerar descendência, é abominação diante do Senhor. Certas posições que fazem o casal agir à maneira dos animais também não são recomendáveis. Ainda que não sejam sodomia, essas práticas não condizem com o amor cristão.

Temos notado um preocupante aumento de relatos da ocorrência de sexo oral entre os membros da igreja. Sexo oral é um tipo de sodomia, uma abominação, e não deve ser praticada entre cristãos, sob o risco de trazer a presença do Demônio para dentro de seu lar. Fica portanto aqui alerta para todos os membros que creem no Deus Vivo, tementes a Jesus: não pratiquem sexo oral.

O Pastor.

Também decidiram que era errado chamar alguém de coitado, porque, segundo eles, a expressão queria dizer, "alguém que sofreu coito".[1]

—

Chegando um dia à igreja do pastor Oswaldo, encontrei um panfleto sobre o banco. Era o jornalzinho interno da igreja, feito em xérox, um tipo de fanzine. Nele, assuntos quentes da época: Será que as batatas Pringles têm pacto com o Demônio? Dançar na igreja, certo ou errado? Compre vídeos do pastor Alejandro Bullon. E...

—

Na segunda metade de 1993 eu morei na casa de minha tia Marta. A comunidade do pastor Oswaldo ficava do outro lado da cidade. Procurei a opção mais próxima, que não era exatamente opção. Era uma Igreja Batista, pela qual tínhamos aproximadamente o mesmo respeito que pela Adventista. Ouvia dizer que os batistas são tão fracos na doutrina que permitem aos crentes que fumem cigarro.

Na Igreja Batista não se dança, não se falam línguas estranhas e milagres são coisas da época da Bíblia. Sexo antes do casamento é pecado, mas eles não costumam ficar lembrando disso a toda hora.

Contei para o pastor da Batista de onde eu vinha. Depois disso, quando falavam comigo, usavam aquela mesma expressão dos parentes de meu pai quando eu deixava a escova de dentes fora do lugar, e cuidavam de lembrar a mim que minha mãe havia criado animais, não pessoas. Uma certa tolerância antropológica, como a de um missionário entre os selvagens. Fiquei outra vez sem igreja.

—

Descobri que não era mais gordo. Na avaliação para as aulas de Educação Física, media 1,79 metro e pesava 79 quilos. "Peso ideal", disse o professor. Havia crescido sem mudar de peso – uma de minhas preces tinha sido atendida com alguns anos de atraso.

1 Isso é etimologia popular. Coitado vem de "coitar", isto é, sofrer.

A outra estava muito longe de ser. Todas as noites, antes de dormir, dizia uma mesma coisa a Deus:

Senhor, eu entendo a provação por que tenho passado, mas gostaria de ser abençoado com uma namorada ou um amigo. Amém.

Agora minha atenção estava em uma moça que morava perto da casa da minha tia, e vez por outra a gente pegava ônibus juntos. Eu não era gordo, mas continuava a pensar feito um; concretado de timidez, me via como uma coisa incompetente, inamável.

A única vez em que tive coragem de falar com Susana, fiz o que achava que os adultos deviam fazer: uma proposta para tomar café na casa da minha tia, dando um sorriso "provocativo". Ela sorriu; ou porque não entendeu ou porque fingiu não entender. Tentei resolver a história contando para uma moça da sala que gostava de Susana. Ela ficou de ver com ela se havia alguma chance. Dois dias depois, trouxe o resultado:

– Não, nada a ver.

—

Um dia o professor de Biologia nos levou para ver o IML de Curitiba e seu museu.

– A visita é opcional. Só para quem tiver estômago para isso, mas é uma aula de anatomia interessante para quem quiser vir.

A visita começou por um museu de pequenos horrores, fetos com um olho só ou com uma tromba no meio da testa. Disse o curador que aquilo era causado pelo consumo de cocaína. Também havia uma múmia de uma vítima de briga de foice, com seus pedaços sustentados precariamente por barbantes e suportes de metal. Fazia graça. Um corpo morto é uma casca vazia, não há o que temer, reverenciar ou rememorar naquilo, isso continuava a ser minha filosofia.

No andar de baixo, havia duas velhinhas mortas recentemente, nuas nas mesas de autópsia. Com o que parecia ser orgulho, a equipe do IML nos mostrou o conteúdo de uma das gavetas de mortos – uma vítima de atropelamento de caminhão que havia sido atropelada outra vez depois do primeiro impacto. A cabeça tinha se tornado uma massa amorfa e um fragmento preso ao pescoço por uma faixa fina de tendões, e as costelas surgiam como peça de açougue por cima do tórax arrebentado e invertido.

Algumas moças começaram a chorar, e uma delas, Patrícia, sem ter outro por perto, se abraçou a mim e chorou em meu ombro. Eu não imaginava que servia para isso.

--

Passei o primeiro ano fácil, mas não fiz amigo algum. Em vez disso, Enrico, o piadista, me deu um apelido: Silvana. Eu só sabia que existia uma banda chamada Dr. Silvana, cujo maior sucesso era a música: "Eu fui dar, mamãe". Nada abonador, por isso mesmo colou.

O verão de 1994 foi festivo. Fomos para o apartamento de praia da Gina, em Guaratuba, nós e uma quantidade considerável de parentela. Havia cultos na praia, ninguém bebia, mas ninguém usava roupa comprida tampouco. Eram crentes de sunga e biquíni.

Gina contava como havia dirigido sua BMW nova a 180 quilômetros por hora, no caminho. Meu pai estava com ela nessa viagem, mostrando que não havia aprendido nada do rumo que as coisas haviam tomado dois anos antes.

Emprestaram-me um *discman* com um disco do Oingo Boingo e outro do Gênesis (a banda de *rock* progressivo, não o livro da Bíblia). Eu ouvia três músicas e eram sempre as mesmas: "Just another day", "Dead man's party" e "Invisible touch".

Uma moça loira chamada Ariane regulava de idade comigo, era filha de um crente amigo do amigo de alguém ali. Ela apareceu numa das festas e pareceu prestar atenção em mim. Não acreditei. Pedi a Jesus uma ajuda, e veio de forma dramática.

Como havia gente demais para o apartamento de Gina, metade da família estava numa casinha de madeira alugada em outro bairro, perto da casa onde estava a família de Ariane. Uma tempestade brutal, quase um ciclone, atingiu Guaratuba. Estava na casinha então. O telhado foi arrancado em minutos, e a chuva começou a atingir os móveis. Minha avó, meio atordoada, ficava passando um rodo, tentando puxar a água que jorrava de cima, até a tia Cássia tomar o rodo das mãos dela. Fugimos para a casa dos parentes de Ariane.

Estava a um metro dela, meu olhar medroso fugindo de seu sorriso que, parecia quase certo, estava me correspondendo. Então Deus se manifestou novamente por meio de um blecaute. Senti uma vontade urgente de fazer alguma coisa, teria de ser naquele momento. Poderia ser só tocar na mão dela ou ousar: um beijo roubado.

Como decidir? Adiava a ação para o segundo seguinte, a urgência ia se somando, e mais eu ficava pensando, escolhendo, não fazendo. A luz voltou depois de um minuto. Senti-me um idiota completo, e sempre me sentiria ao lembrar dessa vez, anos depois disso.

--

O tempo passava, e Gina deixou de ser uma figura simpática. Ganhou peso e passou dos cem quilos. A natureza da relação com meu pai foi se deteriorando. Um dia, meu tio Isaque, aquele que não é crente, me contou uma conversa que teve com meu pai. Disse que ele estava desiludido do namoro.

– Não é só que a velha é gorda, ela é fria. Botar o pau nela e num copo de água morna é a mesma coisa.

Nessa época eu passei a me referir a ela por Godgina, como Godzilla.

Godgina não duraria muito mais. No seu pior momento, sugeriu que meu irmão deveria ir para um asilo. Ela pagava. Em fevereiro, estava tudo acabado, e tia Marta já estava buscando outra namorada para meu pai.

--

Há muito de discutível no talento de casamenteira da tia Marta – e meu pai não aprendeu a lição na primeira, nem na segunda, nem na terceira vez. Mas não se pode dizer que ela não aplica esse talento na própria casa. Anos antes, havia arrumado um "partidão" para a própria filha. Filho de um deputado federal eleito e reeleito por ser evangélico, comandava uma rádio gospel cuja concessão seu pai havia ganhado, diziam todos, por ter votado na emenda que deu cinco anos de mandato para o José Sarney. Tia Marta favoreceu o namoro do filho do deputado, então com 23 anos, com a própria filha, de treze. Ela casou-a aos dezesseis.

A filha de tia Marta, Antônia, era muito bonita e delicada, enquanto o marido lembrava um pouco um besouro, pesado, lento e primitivo. Trazia uma carranca constante no rosto, como se Deus houvesse pessoalmente revelado a ele que sorrir era um pecado pelo qual o resto do mundo ainda iria pagar. Transmitia aquele ar desagradável de "mais santo que você" e era áspero demais com as filhas pequenas. Um bocado como Nadir, do qual era o único amigo sincero na família.

Aliás, Nadir foi quem inaugurou a carreira de consultora matrimonial da tia Marta. Ela o apresentou à irmã, tia Olga. Então Nadir, dez anos mais velho que Olga, tinha dinheiro e um carrão, o que mais é preciso?

——

Consegui um estágio no Centro Cívico, no Tribunal de Alçada, que era perto do Colégio Estadual. Meu pai havia tentado ajudar, mas ele não sabia a diferença entre programador e digitador. Ele me fez aprender datilografia (pelo que agradeço, pois é útil neste mesmo instante em que digito estes mal teclados *bytes*) e estava negociando me encaixar num cargo de digitador numa empresa de um amigo crente, para digitar sequências intermináveis de números, até arrebentar os tendões. No Tribunal trabalhava meu tio Domingos – era para eu ter entrado por indicação, mas eu já estava lá quando ele notou que havia a vaga.

O estágio consistia em ligar o servidor Unix pela manhã e ajudar os usuários a digitarem em seus terminais de tela verde, muitos remanescentes dos anos de 1970 e 1980, a era do computador nacional. Internet ainda era coisa de universidades. A maior parte da manhã a equipe de servidores públicos jogava *video game*, com alguém de sentinela caso aparecesse um desembargador ou juiz ciosos do dinheiro público.

Na minha máquina uma cópia pirata de *Leisure suit Larry – shape up or slip out*, um jogo erótico de humor, lançado naquele ano (naquela época, pirataria era copiar sete ou mais disquetes de 3 e ½ polegadas). Em *Larry*, você controla uma espécie de James Bond fajuto que tem por missão apenas fazer com uma mulher, qualquer mulher. Em vez disso, é rejeitado por uma em quem ele mesmo faz lipoaspiração, encontra-se com um travesti sem saber, fica perdido entre duas lésbicas, e meu estágio acabou antes de eu ver o fim.

——

Em 1994, eu passei fome. Não percebi que estava passando fome: sabia que o dinheiro era curto e estava comprando o que eu podia com ele.

Eu ganhava um vale-refeição do Tribunal de Alçada que equivalia ao preço de metade de uma refeição normal num restaurante por quilo. Com isso precisava almoçar e jantar, porque meu pai só podia colaborar comigo com os vales-transporte que ele ganhava da empresa, apesar de ter um carro. Auxiliando minha dieta, às vezes ia a pé para o colégio, o que me permitia comprar o jantar com os vales-transporte. Assim eu vivi por quatro meses e perdi dez quilos.

––

Tio Domingos não gostou de me ver sem igreja e me chamou para um culto na Assembleia de Deus, igreja central de Curitiba. Era um dia muito frio, e eu já havia desistido da Assembleia. Chamar de convite o que ele fez é um tanto inadequado:

– Você está faz muito tempo sem ir à igreja, e se não for crente, não pode morar na minha casa.

Assim sendo, e como tia Marta estava de plantão no seu trabalho de enfermeira e Mariana frequentava uma comunidade, fomos só nós dois. O culto foi bem regular e morno. Exceto pelo anúncio do pastor para a semana seguinte:

– Vou lembrar a igreja de que semana que vem temos um convidado muito especial. Bozo!

Os sisudos crentes da Central deixaram vazar um riso contido.

– Arlindo Barreto era um dos atores que fazia o Bozo, e Jesus o livrou das drogas e do homossexualismo. Ele vem trazer seu testemunho, e quem ouviu disse que é muito interessante. Arlindo prega vestido de palhaço. Conforme ele vai contando a história, vai limpando sua maquiagem, até terminar de cara limpa. Um cristão como todos nós. Não um palhaço do mundo... Venham ver. Despeço a igreja com a paz do Senhor!

Meu tio era um animal social. Numa igreja com mais de mil pessoas, ele parecia querer cumprimentar um a um.

Fazia cinco graus, o ar canalizado entrava no saguão, e eu só tinha uma jaqueta de lã fina. Depois de meia hora, implorei misericórdia e ele me deu a chave do Monza para passar frio lá dentro. Ainda levaria quase uma hora até ele animar toda a sua rede de contatos.

Entendi aquilo como um recado para mim a respeito de minha situação como convidado na casa dele. Se eu ainda fosse criança ou soubesse que um dia escreveria um livro sobre isso, teria ido ver o Bozo, mas escapei desse culto.

—

De fato, poucos dias depois, minha tia decidiu que havia feito caridade suficiente para mim. Eu não pagava sabonete nem pasta de dentes. Além disso, o liquidificador velho queimou quando ela foi usar. Como eu o havia usado antes dela, concluiu que eu havia estragado seu liquidificador, já que o animal criado por Inês não seria capaz de entender as nuances da operação daquele aparato tão complexo. Ela exigia que eu comprasse outro.

Como eu não pude economizar mais dos meus vales-refeição ou transporte e pagar o liquidificador, meu próximo destino acabou sendo a casa de minha avó. Que então era num lugar chamado Moradias Caiuá, quase fora da cidade, quase uma favela. Meu irmão já estava lá fazia muito tempo.

As Moradias Caiuá ficavam depois da estrada, perto da Cidade Industrial, depois da BR-alguma coisa que passava ali e virou o Rodoanel. Meu ponto era o último de uma linha que começava no bairro periférico da Fazendinha. Exceto a rua mais central, todas as outras eram de terra. O bairro começava numa Cohab, mas acima havia casinhas idênticas e achatadas, com teto muito baixo. As melhores tinham reboco, nem todas. As lojas, muito pobres, poucas e empoeiradas. Os carros, quem tinha, eram Brasílias e fuscas. Quando começava a anoitecer por lá, a luz avermelhada refletida pelas paredes de cal branca como que servia de alerta para o toque de recolher que começava.

Naquele ano, tia Iracema e tio Sandoval também haviam decidido mudar de Sumaré para Curitiba, e também vieram parar no Caiuá, numa casa alugada no outro canto do bairro. Percival, que acabou numa escola pública do bairro, me contou de dois esportes favoritos dos jovens por ali. Um era fazer guerra com paus e facas contra os moradores do Diadema, ou favela do Parque Diadema, que ficava ao lado. Outro era roubar bicicletas e bonés no bairro de classe média mais próximo.

No Caiuá, meu pai e minha avó se revezavam em trocar as fraldas do meu irmão. O cheiro tomava a casa, como se tivessem aberto um cano de esgoto abaixo do quarto. Meu pai não ocultava seus sentimentos e dizia na frente do Beto e a quem quisesse ouvir:

– Ah, Jesus, por que você trouxe essa desgraça na minha vida?!... Ah, que desgraça na minha vida, desgraça!

Morando pela segunda vez com a vozinha, acabei percebendo que não era feita apenas de doçura, amor, fé e roupas bege. A velhinha tentou uma solução mais mundana para o problema das fraldas:

– Vocês almoçaram bem? Porque acho que assim não preciso fazer a janta. Além do mais ajuda o Beto a sujar menos as fraldas.

E, assim, também passou a dar remédios contra disenteria a meu irmão, o Imosec, que causava prisão de ventre.

– Isso não vai deixar ele doente, vó? O que o médico falou?

– Você quer trocar as fraldas dele? Se você trocar, paro de dar Imosec.

Não, eu não queria.

--

Nossa casa de massas havia falido, e meu pai não sentia qualquer nostalgia por ela. Por esses dias, havia arranjado um emprego como gerente de uma oficina de uma concessionária da Kia Motors. Ganhava muito mal, e um dia seu carro pifou e teve de andar muitos quilômetros à noite para chegar até o Caiuá, com medo de ser assaltado. Havia saído frustrado da relação com Gina, e parecia cada dia mais abalado com a demora no milagre certeiro que porá fim à situação do Beto.

Era domingo e eu estava fora de casa jogando fliperama, assim como meus avós, que foram a um culto à tarde. Ficaram meu pai e meu irmão na casa, o irmão no quarto assistindo qualquer coisa na TV.

Davi foi sem fazer barulho até as janelas e portas da casa, e uma a uma foi fechando as janelas, firmemente, de forma que não passasse mais ar. Sob a porta ele encaixou um pano úmido.

Então ele abriu a primeira boca do fogão. Parou alguns instantes, sentiu o cheiro do gás, abriu a segunda, terceira, quarta e o forno. Caiu de joelhos nos azulejos, rangendo os dentes, chorando.

– Pai, o gás tá vazando aí na cozinha.

Abriu as portas, desligou o gás.

Nem Beto, nem eu, nem ninguém soubemos de nada. Essa história, ele me contou meses depois de haver acontecido.

– Você não só ia matar meu irmão como me largar sozinho?!...

– Você tem uma vida própria, mas o Beto não tem futuro nenhum. Eu achava que nem eu também.

--

Certo dia, a parentela me levou a um culto da UEC, a associação de crentes ricos em que haviam conhecido Gina. Nunca havia ido a um. Acontecia numa residência privada ao lado do Jardim Botânico de Curitiba.

O pastor vinha de uma comunidade, e seu discurso no dia era uma novidade para mim. Começou por ler outra vez o Livro de Jó.

– Gostaria de falar a vocês aqui sobre a prosperidade. Estamos entre homens e mulheres de negócios, mas ainda assim isso é um assunto que muita gente não considerou da forma adequada, não pensou a fundo. Na Bíblia Sagrada, Deus tirou tudo o que havia de Jó. Isso foi uma fé, e Jó nunca perdeu a sua, mesmo se tornando mendigo e leproso, depois de ver morrer seus bois, mulher e filhos. Quando a prova terminou, Deus recompensou a Jó. Alguém sabe como?

Os murmurinhos foram curtos, e uma voz levantou-se animada:

– Deu a ele tudo de volta em dobro!

– Isso, Deus compensou Jó dando a ele em dobro tudo o que havia sido tomado dele. Quer dizer, portanto, irmãos, que Nosso Senhor, o Deus Vivo, não vai recompensar os crentes só lá no Céu. Vocês devem ter ouvido aquela coisa triste, né? A vida não vale a pena, tudo aqui no mundo é uma ilusão, vamos viver esperando a hora da morte. Ora, se é assim, nós na igreja vamos viver tristes enquanto as pessoas do mundo, os ímpios, vivem mais felizes? É isso que Deus quer para a igreja dele? Quer?

– Não, não.

– Ora, Deus premia vocês aqui, por sua fé, no Céu, mas aqui também! Aleluia!

– Aleluia!

– Mas agora vamos ver uma coisa. Deus premiou Jó com coisas deste mundo, mas antes Jó abriu mão, pela fé, de coisas deste mundo, não foi? A própria família e a própria saúde, mas também as próprias riquezas. Assim sendo, Deus vai levar ao Céu todos os que têm fé, mas não vai premiar a todos com a prosperidade. Nosso Senhor premia com a prosperidade aos que antes abriram mão de sua própria prosperidade. Esses são os crentes que têm fé de que o Senhor trará de volta os bens. Em dobro! Dez vezes mais! Glória a Deus!

– Glória!

Evidentemente, não era crime ganhar dinheiro entre pentecostais de classe média alta. Mesmo a Assembleia, com todo o seu aspecto franciscano, não dizia ser crime enriquecer por si só, ainda que a ganância e a usura fossem pecados. Mas o pastor estava chegando a uma conclusão à qual meu avô nunca havia chegado.

– É por isso que, se o crente espera prosperidade, primeiro ele deve entregar sua prosperidade nas mãos do Senhor. Dar os dez por cento do dízimo é apenas obrigação. Mas quem afinal aqui está disposto a fazer um sacrifício? Sacrifício, isto é, sofrer, como Jó. Livrar-se de algo que faz a diferença. Para ter de volta depois, pela glória de Nosso Senhor Jesus Cristo. Amém?

– Amém.

– Uma comunidade da qual existem alguns membros presentes está sendo ampliada. O pastor está dando boletos registrados de pagamento mensal. Todo o dinheiro dos boletos irá para essa obra. Esse é um sacrifício adicional na vida de qualquer cristão. Gostaria de saber quem aqui está disposto a participar desse esforço. Lembrando que o que Deus tira Ele devolve em dobro e várias vezes mais.

Um carnê de pagamento mensal, quão profissional, eu pensava. Não gostava daquilo, e sabia de onde tinha vindo aquela inspiração.

– Levante a mão agora quem gostaria de colaborar com um carnê de cem reais por mês... Humm... Tudo bem, todos passamos por dificuldades. O carnê de cinquenta reais?... Aleluia! Agora, o boleto de míseros dez reais? Deus... A prosperidade não vale dez reais para vocês, irmãos? Glorificado seja! Agora, vamos às ofertas avulsas...

––

Ao fim do culto da UEC, minha tia Marta estava com novidades.

– Vou apresentar sua nova mãe para seu pai.

– Mãe?! Eu tenho dezesseis anos, tia...

– Tá, sua nova... madrasta. Que coisa feia, parece a Branca de Neve.

– Como ela é?

– É uma mulher muito inteligente. Tem três faculdades e trabalha na Caixa.

– Pelo visto, você quer meter meu pai em outro golpe do baú.

– Nada, ela é nova. Tem 33 anos. Remediada, acho. Eles vão se dar bem. Só tem um problema...

– Problema?...

– Ela é... daquela igreja.

– Qual, a católica?

– Não, a dos escândalos.

– Puxa...

– É sim, mas a gente traz ela pro caminho.

--

Cada dia mais, notava como as igrejas estavam adotando de forma automática os métodos daquela igreja que todos rechaçavam como corrupta. Era uma atitude hipócrita e um tanto cega. E esse não era meu único ponto de discórdia com o que via nos cultos.

No colégio, passava os intervalos escondido na biblioteca. Era mais fácil se esconder que ser forçado a notar que todas as outras pessoas tinham amigos, e eu não. Mas isso me serviu para uma coisa: já entendia perfeitamente que a Teoria da Evolução não era apenas uma teoria entre tantas, mas uma explicação completamente sólida e plausível para muitos fenômenos naturais. Fenômenos naturais demais para serem ignorados. Também sabia ser impossível a Terra ter 5.700 e poucos anos, como meu avô afirmava.

A Bíblia não podia ser literal, não havia como. Deus nunca soprou no nariz de uma estátua de barro, o mundo não se fez em sete dias. Darwin estava certo.

Não via então problema em como Deus havia gastado três bilhões e meio de anos em mutações aleatórias com bactérias, vermes, peixes, dinossauros e outros bichos estúpidos até chegar a um animal ao qual pudesse mandar um clone de si mesmo, um messias.

O que começava a me incomodar não era a evolução, mas uma questão histórica. Se o mundo tem muito mais de 5.700 anos, significa que o primeiro homem não era um Adão que conversava com Deus no Paraíso, mas uma mutação entre os *Homo erectus*. O registro que temos de religiões indica que o monoteísmo não surgiu antes do faraó Akhenaton tentar cultuar apenas o Sol. Esse primeiro homem, portanto, não acreditava ainda no mesmo Deus do cristianismo-judaísmo-islamismo. Isto é, existiu o dia, e foi a grande maioria do tempo da existência da humanidade, em que ninguém acreditava naquele Deus que tem nome de Yahweh, El ou Jeová.

Os homens das cavernas foram para o Céu? Sim, me diziam, os homens das cavernas foram para o Céu, porque nunca tiveram a chance de conhecer Deus para aceitá-Lo ou não. Apenas os que ouvem falar de Deus e O recusam vão para o Inferno. Alguém nascido numa tribo Yanomami, por exemplo, que nunca teve a chance de ouvir falar em cristianismo, vai para o Céu. É inocente.

E daí me surgia outro problema. Eu tinha a obrigação de pregar a palavra de Deus, de tentar converter qualquer pessoa de quem me aproximasse. Em Lucas, capítulo 13, aparece:

6. E dizia esta parábola: Um certo homem tinha uma figueira plantada na sua vinha, e foi procurar nela fruto, não o achando; **7.** E disse ao vinhateiro: Eis que há três anos venho procurar fruto nesta figueira, e não o acho. Corta-a; por que ocupa ainda a terra inutilmente? **8.** E, respondendo ele, disse-lhe: Senhor, deixa-a este ano, até que eu a escave e a esterque; **9.** E, se der fruto, ficará, e, se não, depois a mandarás cortar.

E, numa versão mais radical, em Marcos, capítulo 11:

12. E, no dia seguinte, quando saíram de Betânia, teve fome. **13.** E, vendo de longe uma figueira que tinha folhas, foi ver se nela acharia alguma coisa; e, chegando a ela, não achou senão folhas, porque não era tempo de figos. **14.** E Jesus, falando, disse à figueira: Nunca mais coma alguém fruto de ti. E os seus discípulos ouviram isto.

Os frutos de um evangélico são as outras pessoas que ele traz à igreja. Se eu não convertesse ninguém, acabaria no Inferno. Mas, se a pessoa a quem vou pregar nunca teve chance de aceitar Jesus, isso significa que ela irá para o Céu, por sua ignorância. Se eu tiro essa pessoa da ignorância, pregando a ela, essa pessoa passa a poder ir para o Inferno.

Portanto, como não concluir que pregar a palavra de Deus é um mal?

Minha resposta nessas horas era ainda a que eu havia aprendido, e vinha de forma automática: o Diabo me tentava, enfiava esses pensamentos em meus ouvidos. E eu orava até meu cérebro – o Diabo – calar a porcaria de sua matraca incrédula. Mas a porcaria da matraca incrédula começava a ter mais ideias. Ideias demais para serem ignoradas.

--

– Vem com a gente domingo, Fábio? Estamos na Comunidade Salém.

Era um almoço de domingo na casa da vozinha. O convite vinha de meu primo *Heavy Metal* do Senhor, Sérgio.

– Comunidade o quê?

– Salém.

– Cara... vocês estão loucos?

– Não entendo.

– Nunca ouviu falar das Bruxas de Salém? Salém é uma cidade americana onde enforcaram moças porque crianças disseram que elas eram bruxas.

– Salém é um nome antigo para Jerusalém.

– Pode ser, mas vocês não podem ignorar isso. Vocês querem matar moças na sua comunidade?

– Você está cada dia mais afastado, não está?

– Vocês é que são fanáticos. Acho que Jesus não é a favor de enforcar inocentes.

– Nada a ver, cara.

– Deixa pra lá...

--

Eu lia os livros antes do começo do ano, os de História também, e um dia passou na TV o filme *O nome da rosa.*[2] Passei a notar como a Assembleia de Deus, ao menos a antiga, a de meu avô, não era tão inimiga da Igreja Católica quanto dizia ser. Era mais uma retomada da versão medieval do catolicismo, com seus hinos que falam de a morte ser melhor que a vida, sua tendência

2 *The name of the rose*, 1986, dirigido por Jean-Jacques Arnaud.

a desprezar o que é a vida como simplesmente "o mundo". Nada disso era original, nem do cristianismo primitivo que diziam resgatar, mas do catolicismo medieval.

A própria Bíblia, além do mais, poderia ter muito mais ou menos livros, já que ela é resultado não de intervenção divina, mas de um concílio católico no século IV d.C. Ao dizer que a Bíblia é infalível, está dizendo que a Igreja Católica um dia foi infalível. Quando exatamente ela deixou de expressar a vontade inadulterada de Deus para se tornar a Besta demoníaca que eles afirmam ser?

Como não estava disposto a aceitar velhos padres como figuras de autoridade sobre o que Deus disse ou não, e também porque a Terra era muito mais velha que cinco mil anos, como claramente estava na Bíblia, esse livro não podia ser infalível.

Eu ainda acreditava que devia pregar aos outros, mas Deus ia para mim tomando uma forma cada dia mais pessoal. Até mesmo minhas ideias de decência já não eram iguais àquelas dos crentes. Meu Deus não era mais um torturador que se comprazia em ver as pessoas sofrendo por Ele haver proibido satisfazerem os desejos que Ele mesmo criou. Assim, eu não achava mais que fosse pecado sexo fora do casamento, mesmo estando explicitamente proibido na Bíblia.

Eu não discutia isso com os crentes, cada dia tinha menos paciência com eles. Um dia, numa mesa de jantar, a família começou a falar de católicos. Católicos são aqueles que não merecem o nome de "cristãos". Quando um protestante diz "cristão", fala a respeito de outros crentes, exclusivamente. Paradoxalmente, os pentecostais se sentem mais próximos dos judeus que dos católicos, quase com certa inveja de não serem também parte d'O Povo Escolhido, que será maltratado até o fim dos tempos, é verdade, mas que ainda acabará redimido – isto é, rejeitar a Cristo não leva necessariamente ao Inferno, mas ser católico, sim.

– Sabe o que aconteceria se vocês tivessem nascido na Irlanda? Estariam matando católicos. Vocês são tão malucos quanto os terroristas islâmicos.

Recebi apenas negações confusas. Acho que eles nem sabiam onde é a Irlanda.

--

Ivone, a *daquela igreja*, nos foi apresentada. Ninguém comentou o fato de ser daquela igreja. Era até jovial, alta e bonita, mas um tanto gorducha

– no entanto bem menos que Gina. Tinha uma voz muito infantil, que irritava, mais fina que a de suas duas filhas, Lívia e Ana, de doze e dez anos. Ivone contou que às vezes atendia ao telefone e lhe pediam que chamasse a mãe dela.

As filhas não foram muito com nossa cara, mas, como todas as outras, Ivone foi muito simpática de começo. Fez um prato que se tornaria marca reconhecida: macarrão com *bacon*. Uma coisa escandalosamente calórica, mas fácil de tapear o paladar.

Assim agradeceu Ivone antes da refeição:

"Jesus, abençoe este alimento que fizemos, abençoe as mãos que o prepararam e o ganharam – no caso, as mesmas. Abençoe também para que não engorde. Amém".

--

Eu insistia em tentar ter uma igreja, mas estava ficando impossível. A Assembleia era uma cópia da Igreja Católica medieval. As comunidades pareciam seitas malucas de jovens drogados em Jesus. Outras pediam dinheiro como *aquela igreja*.

Coisas novas passaram a me incomodar nos crentes em geral. Os hinos. Muitos deles pareciam obras de escritores de autoajuda, destinados a confortar o fraco senso de valor próprio dos crentes. Um deles, "Te amo Jesus", de Nilson Santos, diz assim:

Sozinho estou, carente de amor,
Não tenho prazer, o que faço é
Somente chorar...
Preciso encontrar, um pouco de
Paz, alguém por favor me diga
Onde encontrar...
Foi quando disseram pra mim...
Que Cristo é a solução
Pra quem vive no mundo cheio
De ilusões...
Palavras que Jesus falou, amigo,
Pode acreditar,

Eu sou o caminho e a verdade e
Em mim pode confiar...

Te amo Jesus, te amo...
Achei um grande amigo num
Momento de aflição.
Te amo Jesus, te amo...
Contigo eu não temo mais a
Solidão...
Te amo Jesus, te amo...
Achei um grande amigo num
Momento de aflição.
Te amo Jesus, te amo
Te quero para sempre no meu coração

Comentei com a parentela o mau gosto daquilo. Parecia descaradamente uma coisa mais psicológica que religiosa, calculada para atrair pessoas em crise. Pessoas ingênuas em crise.

E a música, agora que eu dava os primeiros passos em descobrir música de verdade, começou a se revelar terrivelmente genérica e pasteurizada. Pareciam *jingles* de comercial. Deus nunca se manifestou se preferia ser louvado com Johann Sebastian Bach, mas eu concordaria com Ele se dissesse.

--

Xuxa tinha feito sucesso porque tinha pacto com o Demônio – por isso, produtos com sua marca eram proibidos. O Fofão também, inclusive com direito a boneco que vinha com uma faca dentro – é uma lenda urbana que todos contavam, mas os evangélicos com especial gosto. Eram satânicos ainda os grupos Menudos, Legião Urbana, Beatles e praticamente quem quer que fosse que tivesse feito sucesso sem que o autor tivesse se declarado evangélico.

A prova estava em girar o disco ao contrário, ainda que ninguém tivesse coragem de girar, e quem girasse encontrasse um milhão de coisas que podiam parecer um milhão de coisas ao quadrado. Não é muito diferente de ouvir alguém falar outra língua e tentar achar sentidos em português.

– Por que o Diabo se daria ao trabalho de espalhar suas mensagem com letras ao contrário que ninguém entende, se tantas bandas fazem sucesso falando no Diabo para quem quiser ouvir? Por exemplo, o Black Sabbath ou os Rolling Stones. Se eu tocar ao contrário um disco do Black Sabbath, vai sair uma música gospel?

Era uma reunião de família num domingo, na casa de meu avô. O comentário encontrou risadas sem graça em caras contrariadas, como se o artigo da fé não estivesse em Jesus, mas no satanismo da Xuxa.

– Vocês pensam mais no Diabo que em Deus. Alguém falou aqui que na Católica Carismática as línguas são do Diabo e o exorcismo é do Diabo. Está escrito na Bíblia que o Diabo não pode fazer isso. Quer ver? Evangelho de Mateus, capítulo 12:

22. Trouxeram-lhe, então, um endemoninhado cego e mudo; e, de tal modo o
curou, que o cego e mudo falava e via. **23.** E toda a multidão se admirava e dizia:
Não é este o Filho de Davi? **24.** Mas os fariseus, ouvindo isto, diziam: Este não
expulsa os demônios senão por Belzebu, príncipe dos demônios. **25.** Jesus, po-
rém, conhecendo os seus pensamentos, disse-lhes: Todo o reino dividido contra
si mesmo é devastado; e toda a cidade, ou casa, dividida contra si mesma não
subsistirá. **26.** E, se Satanás expulsa a Satanás, está dividido contra si mesmo;
como subsistirá, pois, o seu reino?

– Agora me diz, por que vocês acreditam tanto no poder do Diabo, que ele é tão maior que o poder de Deus pra vocês?

O avô cortou o assunto:

– Você devia voltar para a igreja, menino. Uma brasa apaga se ficar longe do braseiro. Sozinho assim, você vai acabar se afastando.

--

Abri em frente à tia Marta um tubo de batata Pringles.

– Você não sabia? Um alto executivo da Procter & Gamble apareceu na TV americana para dizer que estava na Igreja do Diabo.

– Peraí, não era para ser escondido, como nas mensagens gravadas de trás para diante? E você não acha isso um tanto suicídio comercial? A maioria dos americanos é de cristãos protestantes. Um executivo de uma das maiores multinacionais do mundo anuncia na TV, assim, do nada, que participa de um culto satanista? Não parece bom para os negócios.

– Ele falou que não liga, não vai diminuir as vendas.

– Ah, sim, com certeza. Nos Estados Unidos, ninguém liga pra religião, né?

– Ele é satanista! Você acha que alguém inteligente iria se voltar a Satanás?

Não se sabe quanto de prejuízos o boato, que é internacional e virou lenda urbana, causou à Procter & Gamble. Investigações apontaram para vendedores da Amway, empresa fundada por pentecostais que vende produtos domésticos por meio de representantes, não em lojas, mais ou menos como as donas de casa que vendiam os plásticos da Tupperware, fazendo uma modesta renda extra. A Amway em si não foi acusada.

Não havia notado antes, mas a estante do banheiro da tia Marta só tinha Amway. Ela era representante.

--

As coisas pioraram mais um pouco. Como minhas tias, um dia a vozinha também deu por suficiente o tempo em que aturou minha cara cheia de espinhas. E a de meu irmão também. Fomos parar na casa da tia Iracema, no mesmo bairro.

Tia Iracema era uma crente muito tradicional. Nunca cortava o cabelo – e raramente lavava. Jamais usava calça comprida, e a saia era sempre abaixo do tornozelo. Não depilava o buço, nunca usava maquiagem e passava o dia inteiro cantando hinos com sua voz esganiçada. Seu preferido era um da Congregação Cristã, "Folha seca":

Eu comparo a vida de um homem sem Deus
A uma folha seca caída no chão
Que vai para onde o vento levar
Tudo é tristeza tudo é solidão

Se eu viver tão triste, tão cheio de dor
Seus dias turbados sem consolação
Assim é a vida do homem sem Deus
É uma folha seca caída no chão

Coro:

É uma folha seca caída no chão
Que vai para onde o vento levar
Assim é a vida do homem sem Deus
Pobre miserável só pensa em pecar
Assim é a vida do homem sem Deus
É uma folha seca caída no chão

Já fui um perdido pelo mundo afora
Eu não tinha paz e nem consolação
Cheio de problemas tão desanimado
Eu viver sem Cristo é triste solidão

Hoje sou um homem já não vivo ao léu
Tenho o meu caminho que vai para o céu
Assim vou cantando e louvando a Deus
Já não sou a folha caída no chão

Foi bom para minha dieta prolongada a estada na casa de tia Iracema, porque ela conseguia cozinhar pior que eu e meu pai na casa de massas falida. Ela tinha por hábito reciclar o óleo, fosse do que fosse: peixe, frango, bife... E depois usava para preparar sua receita única de ovo frito: numa panela com cinco centímetros de óleo reciclado, ela fazia esse ovo, meio pochê.

Tomei uma providência, a tia notou.

– Quem jogou fora meu óleo?

– Eu, tia.

– Escuta aqui, moleque, fica longe da minha cozinha! Por que você quer estragar minhas coisas?

– Mas, tia, você acha que óleo de cozinha é igual a óleo de caminhão? Trocar de mês em mês ou a cada dez mil quilômetros?

– Eu não sei cozinhar, mas já criei meus quatro filhos, e o Sandoval come o que eu faço. Tá tudo vivo aí, nenhum morreu.

– Com a graça de Deus, estão.

– Moleque, tá achando que eu tenho medo de homem? Vocês se acham muita coisa só porque têm essas bengas balangando – fez o gesto com os dedos, como um cacho de bananas –, mas aí é só dar qualquer apertãozinho e caem no chão, gemendo de dor, "ai, ai, ai".

Por precaução, eu dava uns dois passos para trás quando ela vinha com essa conversa. E me conformei em não trocar o óleo de caminhão.

--

Havia na casa mais dois moleques, o Percival e o César, e a moça, Irene, a que havia visto o Diabo em Osasco e continuava mantendo a história.

A gente se dava bem, até. Eu havia ajudado meu primo César a montar, como trabalho de sua aula de Inglês, uma *jack-o'-lantern*, a abóbora de Halloween. A tia Iracema achou coisa do Demônio, mas eu a acabei convencendo de que era uma bobagem americana, ou ao menos que o filho tinha mesmo de fazer aquilo para a escola.

Meu irmão já estava deitado em sua cama, e eu e os dois primos resolvemos fazer um especial de Halloween com a lanterna acesa. Contei a história da pata de macaco, que havia ouvido no filme *Os Goonies*.

Um soldado chegou da guerra no Vietnã. Foi morar de volta na casa do pai e mostrou ao velho uma lembrança que tinha trazido do Vietnã. Era um embrulho de feltro sujo. Dentro havia uma pata de macaco seca, muito feia.
– Um velho me vendeu isso no mercado lá em Saigon e disse que você pode fazer três pedidos para ela. Não fiz nenhum ainda.
– O pai pegou a pata nas mãos e falou: "Quero 21 mil dólares". A pata se mexeu de leve, fechando os dedos... assim...
Todo o mundo pulou pra trás de susto e o pai a deixou cair. Não aconteceu nada. Deram risada de terem sido bobos, de ficar com medo, guardaram a pata no embrulho e foram dormir.
No dia seguinte, o filho estreava num novo emprego. Trabalharia numa serralheria da cidade, a poucos quarteirões da casa dos pais. Às dez da manhã, o pai e a mãe receberam uma ligação. Era da serralheria.
– Não sei como dizer isso, acho melhor falar rápido. Aconteceu um acidente grave. Seu filho caiu na máquina de triturar madeira e não sobreviveu... Meus pêsames. Vocês podem vir aqui assinar os documentos? Há também uma apólice de seguro de 21 mil dólares para o senhor retirar.
Largando o telefone pendurado, ele contou a notícia para a mãe, que se ati-

rou de joelhos, chorando. O pai correu até o quarto do filho e achou a pata de macaco na gaveta. Fez um pedido:

– Traga de volta meu filho.

A pata se mexeu outra vez. Dessa vez, algo aconteceu no mesmo instante. Uma névoa se formou em volta da casa e não dava para enxergar mais nada, nem a um metro de distância. Ouviram então, primeiro ao longe, um barulho de pancadas bem espaçadas vindo da rua. Era um som úmido, como se um bife estivesse sendo atirado ao chão: "blofe, blofe", e também o som de alguma coisa sendo arrastada.

O barulho se aproximava, "blofe, blofe", mas ninguém podia ver nada. E, enfim, algo começou a bater na porta... "Tfum, tfum".

O pai olhou pela janela. Os olhos saltaram da cara dele e ele engasgou de náusea. A coisa continuava na porta: "tfum, tfum". O velho saiu cambaleando até onde estava a pata de macaco.

– Tire essa coisa horrenda daqui!

A pata se desintegrou na mão dele. Os sons na porta pararam e a névoa se dispersou. O filho foi enterrado no dia seguinte.

Fim.

Meu irmão foi quem mais pareceu impressionado com a história.

– Cuidado com o blofe, Beto!

– É, o blofe vem te pegar...

E fazíamos o gesto do morto-vivo se arrastando. Todo o mundo foi dormir e a lanterna de abóbora ficou acesa em frente ao Beto.

– Ei, moleque, apaga isso aqui!

Eu havia amarrado um barbante na cadeira dele. Depois de meia hora, levantei sem fazer barulho e comecei a puxar a cadeira com a lanterna. Ele levou uns dois minutos até acordar para o que aconteceu:

– Vamos parar com essa palhaçada, Fábio!

E a parentela invadiu o quarto imitando fantasma, avacalhando de vez com a piada.

Achei a brincadeira inofensiva o bastante para não pedir desculpas a Deus. O que eu pedi a Deus era o mesmo de todos os dias, já há anos:

Senhor, eu entendo a provação por que tenho passado, mas gostaria que o Senhor abençoasse minha vida com uma namorada ou um amigo.

--

Numa sexta-feira, 6 de novembro de 1994, aconteceu um eclipse total do Sol, que podia ser visto completamente em Curitiba. As escolas deram folga para que os alunos pudessem vê-lo, e eu havia me preparado, conseguindo no laboratório do colégio um disquete velho para olhar através da película.

O burburinho entre os crentes, previsivelmente, é que, quem sabe, Deus pudesse escolher aquela hora para a grande dádiva de acabar com o mundo. Afinal, o Evangelho de Marcos fala de um eclipse quando Jesus morreu na cruz.

Curto e sem incidentes foi o eclipse. A Lua encobriu o Sol até que ele só fosse um minúsculo anel em volta dela. Não chegou a ficar escuro como a noite, apenas um entardecer, e daria para prender a respiração pelo tempo em que a escuridão durou.

A Deus, eu não disse nada. Sabia que não haveria apocalipse nenhum.

--

Era uma cerimônia discreta, a noiva vestia um vestido rosa, ele, os paletós que havia ganhado da Gina. O pastor não era da igreja dela, mas de uma das comunidades. Três anos após a morte de minha mãe, casava-se meu pai com Ivone, na Churrascaria Costelão do Catarina.

Teve um discurso comum, o que se ouvia em qualquer casamento de pentecostais:

– Abram a Palavra de Deus em 1 Aos Coríntios, capítulo 11, versículo 3:

3. Mas quero que saibais que Cristo é a cabeça de todo o homem, e o homem a cabeça da mulher; e Deus a cabeça de Cristo.

– O apóstolo Paulo fala aqui da ordem que Deus Nosso Senhor estabeleceu ao mundo. Se o casal cristão segue essa ordem, será um casal feliz. O casal cristão deve seguir essa ordem dada por Deus e para sempre, não pelos costumes de hoje em dia, que podem mudar de novo amanhã. O homem é a cabeça da mulher, e Cristo é a cabeça do homem. É por isso que a mulher deve obedecer ao marido, ser submissa mesmo. Isso significa fazer como Nosso Senhor ordena, e assim o casal terá paz em casa.

O pastor continuou sua passagem misógina:

– Vejamos agora os versos 8 e 9 do mesmo capítulo.

8. Porque o homem não provém da mulher, mas a mulher do homem. 9. Porque também o homem não foi criado por causa da mulher, mas a mulher por causa do homem.

– O apóstolo aqui fala da criação segundo o Gênesis. A mulher veio da costela de Adão – e é por isso que ela é naturalmente dependente. O homem, por outro lado, sente falta de um pedaço de si sem a mulher. Vejamos o que diz o verso 11:

11. Todavia, nem o homem é sem a mulher, nem a mulher sem o homem, no Senhor.

– Amém?

O "amém" das mulheres foi mais desempolgado que o dos homens, mas talvez tenha sido só impressão minha.

– Davi, dê um passo adiante. Você aceita Ivone como sua legítima esposa em nome de Jesus?...

– Sim.

– Ivone, você aceita Davi como seu legítimo esposo, em nome do senhor Jesus?

– Aceito!

– Então eu vos declaro marido e mulher, em nome de Jesus! Vamos orar e abençoar o casal.

Então aquela mulher, com três cursos universitários, adquiria no mecânico de carros o cérebro que lhe faltava. E passava a dever a ele submissão incondicional. De onde aquele pastorzinho tirou que as palavras do apóstolo Paulo, ditas naquilo que era apenas uma carta aos seus colegas de fé, eram as palavras de Deus em pessoa? Só porque um dia um bispo católico da Roma Antiga decidiu que essas cartas estariam na edição completa do Novo Testamento, isso as transformava em profecia?

Seguiu-se o almoço de costela no bafo.

--

Pela primeira vez desde que tínhamos vindo morar em Curitiba, eu tinha casa e um quarto com uma cama que não fosse emprestada. Meu irmão continuou na casa da tia Iracema. O cheiro ruim das trocas de fraldas não agradava às filhas de Ivone. Quanto a mim, evitava conversar com elas. Não queria disputas infantis de quem era o pai de quem, quem protegia quem. Tentava manter a distância.

Meio tarde, eu começava a comprar minha própria música. Nunca tive disco de música gospel na vida. Por essa época, ouvia cassete pirata de Rolling Stones, Bob Marley e Raul Seixas.

Meu primo Sérgio veio nos visitar um dia. Como ele era o único ali que eu sabia que não tinha ouvido só música gospel a vida inteira, mostrei para ele minha coleção. Ele pegou a fita de Bob Marley e disse:

– Cara, isso aqui é muito herege. Marley fala que um Deus poderoso é um homem vivo.

Era na música *Get up, Stand up*, na qual há um verso que diz "A mighty God is a living man". Literalmente, para Bob Marley um homem vivo era seu Deus: o imperador etíope Hayle Selassie, considerado a encarnação de Deus na Terra para a crença rastafári.

– Ah, mas isso não é satânico, é só meio patético. Achavam que um rei africano era Deus. O próprio rei não concordava.

– Tá, mas e isso aqui?

Os Rolling Stones estavam numa turnê chamada *Voodoo Lounge*, e eu também tinha essa fita pirata. Eu não me importava mais. Vodu é outra religião. Passei a achar ridículo igrejas dando nomes afros a "demônios".

– Daí que eu não acho que os Rolling Stones realmente estejam jogando búzios e rezando pra Iemanjá. É só uma referência, saca?

– Não saco, não. Você está se perdendo, cara.

– Você diz. Eu só estou descobrindo o que eu gosto.

--

Poucos dias depois, houve um domingo. Minha divergência já estava se tornando notória na família:

– As pessoas que são *gays* não escolhem ser. Se é assim, por que vão para o Inferno?

– Porque está na Bíblia. Sodoma e Gomorra.

– Que está, eu sei. Quero saber por que Deus condena alguém por uma coisa que a pessoa não escolheu.

– Mas escolheu, sim. É um demônio. Homossexualismo é causado pela pombagira.

– Pomba, o quê?

– Pombagira, um demônio que baixa. Se for mulher, vira puta; se for homem, vira bicha.

– Vocês podem me apontar qual parte da Bíblia fala da pombagira?

Davi e Ivone se olharam sem que soubessem o que vinha agora. Apenas que eu estava estragando um almoço de domingo:

– Então vocês acham que um deus da umbanda, do culto afro, existe de verdade? Caramba, ou vocês acreditam em anjos, demônios, Jesus e Deus, ou acreditam em orixás, entidades, coisas pagãs. Se você diz que pombagira causa bichice, então quer dizer que você acredita em deuses.

Não era, definitivamente, uma estratégia diplomática inteligente a minha. O almoço terminou com caras fechadas e a lembrança, mais uma vez, de que eu devia voltar para a igreja, de que aquilo não eram ideias de um cristão.

--

Meu deus agora era um tanto místico, não mais o de uma religião organizada. Deuses de outras religiões simplesmente não existiam, não eram demônios. As pessoas nascidas nelas eram apenas inocentes, mesmo se ouvissem falar nesse deus e não se convencessem.

Eu subia até a cobertura do prédio, que tinha dezoito andares, e de lá via a cidade e as estrelas. Sob essas estrelas, eu orava. Às vezes pedia desculpas confusas pelas músicas diabólicas que andava ouvindo. O que eu pedia sempre era:

> Senhor, eu entendo a provação por que tenho passado, mas gostaria que o Senhor abençoasse minha vida com uma namorada ou com um amigo.

--

Continuava sem amigos na escola, nunca havia beijado uma garota. Continuava com apelidos idiotas. Continuava sem saber se devia convertê-los ou não.

Eu desenhava moças nuas num bloco de notas. A paixão da vez era uma da classe, chamada Marsânia. Eu a desenhei pelada ao lado de um leão. Contei pra ela que a havia desenhado, e ela definitivamente se interessou em ver. Não tive coragem de mostrar. Era terrivelmente brega – eu era brega (e o desenho também, mas dessa parte eu ainda não sabia). Andava com camisas brancas por cima da camiseta e penteava o cabelo para trás, feito um velho. Era o jeito como tentava ser alguma coisa ao acaso, como as coisas me faziam, sem decisão. *Nerd* virgem. Eu me achava, como desde muito cedo, feio e incompetente.

--

Ivone tinha negócios além de seu emprego de funcionária pública. Comprou oito terrenos numa cidade próxima, a Fazenda Rio Grande. Pretendia construir casas e vender aos pobres. Um dia fomos todos ver os terrenos, ainda um lamaçal que nem era cercado.

– Acho que dá pra fazer bem pequeno e economizar no material. Eles não são muito exigentes. Espero até passarem o asfalto, valoriza bastante.

Ivone era gananciosa como não era lá muito cristão, mas seu orgulho era maior que a cobiça. Ela não perdia uma oportunidade de lembrar o quanto era mais rica, mais estudada e mais cristã que nós. Comprava aqueles objetos curiosos de sua igreja. Um deles era a Fita de Amarrar o Valente, uma fitinha vermelha com poderes contra demônios.

– Sabe qual é o nome de um objeto mágico, Ivone? Feitiço.

– Isso não é feitiço, é o poder de Jesus Cristo.

– Jesus não habita objetos. Isso é característica de religiões animistas. Por exemplo, o candomblé!

– Você quer tirar minha fé! Você é quem tem o demônio! Tá amarrado em nome de Jesus!

– Que amarrado! Não tenho demônio porcaria nenhuma! Olha que inútil é essa sua mágica... Fez eu parar?

– Você nem vai à igreja, o que tá querendo ensinar pra mim?
– Deus não habita templos feitos pelos homens, foi o que Jesus falou.
– Ímpio! Desviado!
– Feiticeira.

--

Em poucos meses, o ambiente no apartamento foi se deteriorando. Ivone queria me dar ordens sobre o tempo do meu banho e as músicas que eu ouvia. Queria tentar me forçar a voltar para a igreja.

Lívia e Ana se desentendiam comigo, mas mais ainda com a própria mãe. Ela tentava controlar qualquer passo de suas vidas, a ponto de querer controlar o que e quanto comiam as pré-adolescentes – recordando a mim da estupidez do Nadir. Também tentava impor sua religião exótica – elas haviam sido criadas como católicas até pouco antes. Aconteceu, assim, de ambas irem num fim de semana para a casa do pai e decidirem não voltar mais.

Ivone ficou mais irritada ainda, mas então aceitou que meu irmão viesse para o apartamento. E isso foi, de fato, uma surpreendente generosidade vinda dela: ela passou a ajudar meu pai com as fraldas e feridas do Beto.

Por esses dias estranhos, estava discutindo qualquer bobagem com ela – a toalha molhada na cama, acho – quando ela resolveu vomitar o que ia em seu coração:

– Você, o Beto e Davi estão em minha casa, são convidados meus. Eu fui generosa, abri a porta para vocês, aceitei vocês aqui. Mas a casa ainda é minha. Quem dita as regras aqui sou eu.

– Você se casou com meu pai, não foi? E aquele lance de "o homem é a cabeça da mulher"?

– Cabeça ele pode ser, mas eu sou a carteira. Tem outra coisa, isso vale se o homem segue Jesus direito. Eu sou rica porque Deus vê que estou fazendo as coisas do jeito certo, faço sacrifícios. Eu dou muito mais que o dízimo para a igreja. Se eu tenho mais, é porque tenho mais fé e doo mais para a igreja, e Deus me aprova. Vocês não têm fé, fazem tudo errado, não dão dinheiro, é por isso que são pobres.

– Ora... que...

Procurava palavras suficientes para expressar minha revolta. Para ela, éramos pobres porque não dávamos dinheiro para a igreja, e ela ter mais era prova de ser preferida por Deus. Era uma deformação ultrajante de tudo aquilo em que acreditei e ainda me esforçava, de forma cada dia mais exaustiva, em acreditar. Achei as palavras:

– Porra, vá se foder!

Em vez do esperado tapa ou panela voadora, tive por resposta uma expressão intrigada.

– O que significa essa palavra? "Foder"?

– Jesus, Ivone, você tem 34 anos. Não sabe?

– Não...

– Bem, eu é que não vou explicar. Meu pai te explica depois... hã... pessoalmente.

--

Subi à cobertura do prédio mais uma vez. Minha cara estava vermelha, as orelhas fritando.

> Senhor, acho que exagerei feio. Estava furioso, não podia ter dito o que disse para a Ivone. Perdoe-me pelo palavrão, e também ajude que ela possa me perdoar, que as coisas possam ter um mínimo de paz naquele apartamento. Ou que meu pai tome uma decisão correta e largue essa megera de uma vez. Também gostaria de dizer, Senhor, que eu entendo a provação por que tenho passado, mas gostaria que o Senhor abençoasse minha vida com uma namorada ou com um amigo.

Fiquei lá muito tempo depois disso, às vezes retomando a prece, outra hora prestando atenção à cidade. Se os postes ao longe tinham namorados ou bandidos, eram mais felizes que eu ali.

--

Eu continuava a passar sozinho o recreio, com as mãos enfiadas nos bolsos. Alheio a todas as conversas sobre o que os moleques faziam com as garotas ou nos clubes ou sobre sair à noite, coisas que eu só podia imaginar. E imaginava: no segundo ano, ganhei um concurso de contos com a história de um professor de Inglês que se apaixonava por um desenho que ele mesmo fez, e que rasgava o desenho, mas acabava encontrando uma mulher muito parecida com sua fantasia na vida real, ainda que ele fosse incapaz de tomar uma atitude.

Sozinho, eu não tinha fantasias sexuais, tinha fantasias românticas – tudo o que imaginava acontecia num contexto de uma relação, e grande parte da coisa era imaginar a relação em si. O que é falar com uma mulher que é sua namorada... Deitar sua cabeça em meu colo...

Por que Deus me torturava tanto, se em tudo eu havia sido ainda mais justo que outros crentes? Mais coerente? A ideia de prova de fé é que Deus não vai além do que uma pessoa é capaz de suportar.

E então, por essa época, um diabo desconhecido começou a me soprar uma ideia inédita nos ouvidos. Uma que faria o mundo fazer sentido novamente.

Talvez, dizia-me o diabo, no fim das contas, Deus não estivesse testando a minha fé.

Talvez Deus não estivesse premiando a Ivone por ser uma megera e dar dinheiro aos canalhas da sua igreja. Talvez minha vida fosse simplesmente melhor se minha mãe tivesse ficado viva, e não um plano misterioso de Deus para o melhor fim possível. Talvez Deus não tivesse matado minha mãe como forma de me passar algum tipo de lição.

Talvez também Deus não tivesse optado por um processo completamente aleatório de mutações e extinções até chegar ao animal no qual se materializaria na Terra para salvá-lo, após esse animal ter vivido mais de cem mil anos sem jamais ter ouvido falar d'Ele. Talvez o material que constituiu o judaísmo não fosse tão diferente assim do que constituiu as religiões greco-romanas ou o hinduísmo.

Talvez não.

——

Já fazia quase um ano que eu não ia a igreja nenhuma. Então tentei uma igreja aleatória, uma de que nem eu nem qualquer um da família tivesse ouvido falar. Num domingo, peguei um ônibus circular, cuja linha fazia uma volta imensa pela cidade. Pretendia ir à casa de minha avó, mas avistei uma Igreja Pentecostal das moderninhas e apertei o botão de parada.

O culto foi idêntico a qualquer outro. A certa altura, o pastor nos convocou para uma música "lúdica". Essa veio da católica carismática. Eu já conhecia, mas era assunto indelicado de comentar.

Se Jesus te satisfaz, bate palmas,
Se Jesus te satisfaz, bate palmas
Cada um, no seu cantinho,
Aperte a mão do seu vizinho
E canta bem baixinho,
Bate palmas, bate palmas, outra vez

Se Jesus te satisfaz, bate palmas
Se tem paz no coração, levante a mão
Se já tem Cristo, fé, fique de pé
Vamos todos nos sentar e um sorriso vamos dar
E cantar bem baixinho, bate palmas,
Bate palma outra vez
Se Jesus te satisfaz, bate palmas

Tínhamos de fazer exatamente o que pedia a música, numa espécie de "Macarena" cristã. Houve um tempo em que eu me mortificava por dentro com esse tipo de tolice. Era um gesto de humildade parecer um imbecil por Jesus. Agora, começava a perceber que não era esse o espírito da coisa. As pessoas ali não davam qualquer sinal de estarem constrangidas por aquilo. Eu era o único constrangido em ser um cordeirinho não de Deus, mas do pastor engraçadinho.

Fiquei calado e rígido, como o sujeito de fora, sem fé, que não parece estar ficando muito convencido.

O discurso não foi lúdico. O pastor leu o mesmo capítulo da primeira Epístola aos Coríntios do casamento de Ivone, preparando o que tinha para dizer. Sua pretensão ia muito além de discutir a paz conjugal. O pastor discutia a ordem do mundo.

– Irmãos, eu gostaria de falar sobre o papel de cada um na sociedade. Deus escolhe tudo neste mundo, e nos diz a Palavra do Senhor que não há folha que caia de uma árvore sem que tenha o Seu consentimento. Vejam, assim como há uma ordem na casa estabelecida pelo Senhor, há uma ordem no próprio mundo. Porque, se um governante está lá, foi Deus quem o pôs lá, está dentro de Seus planos. Amém?

– Amém!!!

– Pois bem, assim sendo, as crianças obedecem à mãe, a mãe ao pai, o pai ao chefe, o chefe ao patrão, o patrão ao governo. Não cabe ao cristão contestar essa hierarquia, e assim podemos obter a aprovação de Deus por estarmos submissos à Sua vontade. E, assim, também há felicidade na Terra.

– Aleluia!!!

– Jesus vivia sob o Império Romano. A maioria dos judeus então se revoltava e tentava até mesmo assassinar os invasores – e, por isso, eles perderam seu país. Não é isso que ensinou Nosso Senhor. Jesus disse, "a César, o que é de César, a Deus, o que é de Deus". Pois a autoridade na Terra é também a autoridade dos Céus. Deus havia colocado César para controlar Israel, e quem o contestou não fez a vontade de Deus. O cristão que realmente entrega sua vida ao Senhor, o que dá a Deus o comando de suas próprias ideias, não contesta, se submete à autoridade. Amém?

Amém porcaria nenhuma, eu pensei, e uma angústia me prostrou, porque tive a absoluta certeza de que não tinha o menor interesse em fazer parte daquilo. Não esperei o culto acabar. Desapareci por uma porta lateral.

Enfiei minhas mãos nos bolsos. Não havia mais como calar meus pensamentos, que transbordavam como um lago contido, destruindo uma barragem abandonada.

Esse pastor é um fascista. Todos... os pastores são! Meu avô é, mesmo que não saiba.

Um fascismo alegrinho, um sargento de comédia berrando na sua orelha: "Pô, meu, se liga em Jesus!". Como se fosse engraçado enterrar a própria consciência sob uma pilha de dispositivos... dispositivos psicológicos de controle de massas. Pensados, trabalhados. Músicas de autoajuda para prender... gente fraca. Dancinhas ridículas para se sentir parte de um vexame compartilhado coletivamente. Irmandade da vergonha.

Onde quer que Deus esteja, não é aqui.

Eu não sou mais evangélico.

--

Da cobertura do prédio, expressei-me sobre esse dia:

Deus, eu não entendo o que o Senhor quer de mim. Muito bem, eu não sou mais crente, mas estou contigo. Para onde vamos, afinal? E o que eu faço com essa dúvida? Está escrito que o Senhor não testa os limites das pessoas, mas estará testando os meus?

Eu me sinto fraquejar, Deus. Obrigado por me ajudar a ver que os crentes estão errados, mas há uma coisa mais profunda.

O Senhor sabe o que está fazendo, entendo a provação por que tenho passado, mas gostaria que o Senhor abençoasse minha vida com uma namorada ou com um amigo.

—

Eu não era mais crente e agora considerava todos eles fascistas fanáticos, que pediam a Jesus para serem robôs. "Senhor, toma em Tuas mãos minha vida, minhas decisões", esse era o voto de autoaniquilação.

Meu Deus não era nem mais o da Bíblia. Era uma entidade abstrata, que servia também aos budistas e hinduístas. De minha parte, também não existia o Demônio. O que eu havia visto foram espetáculos de autossugestão, como hipnotizadores da TV. Todos os milagres eram suspeitos.

Eu punha mais alto as músicas dos Rolling Stones. Jogava no fliperama um jogo onde demônios guerreavam entre si para destruir a humanidade. Eu queria irritá-los. Queria ver a fé desabar.

Minha mente era um motor rodando sem radiador, a alguns instantes antes de se fundir, partindo ao meio feito uma fruta estragada, sangrando óleo na estrada indiferente.

O motorista, ainda assim, não havia percebido o que estava acontecendo. Continuava a berrar para si mesmo a todo o instante: "Cala a boca, Demônio, cala a boca!". Deus podia ser vago, e não o da Bíblia, mas o Diabo não havia me deixado. Havia ainda uma coisa que eu não podia pensar, ainda havia uma última heresia.

E então se tornou demais para poder ignorar.

--

Numa noite quente de março de 1995 eu subi até o telhado outra vez. Dessa vez não me sentei sobre o banco, como costumava fazer. Eu gritei da amurada:

– Deus, onde você está? Apareça... e se manifeste. Manifeste-se, canalha!

Parei por alguns minutos ante a provocação, se devia retirar aquilo, pedir desculpas. Não fiz.

– Manifeste-se, Deus, qualquer coisa... Você não vê que está me perdendo? Não gosta de mim? Não sou um dos Seus?

E ouvi por quinze minutos a mesma indiferença de sempre, primeiro a de um Deus que quer testar sua paciência, agora... o silêncio. Imensurável silêncio da natureza pura, que destrói indiferentemente a cada sol milhares de coisas, animais e humanos. A mesma natureza que põe bactérias tentando comer você vivo em todas as superfícies existentes, numa guerra sem fim, da qual você só sobrevive enquanto seu corpo é capaz de matá-las primeiro.

Procurei em cada canto do céu algo que fosse diferente, uma constelação, uma nuvem, um cometa, uma mancha na Lua. Procurei na cidade, um anjo numa janela. Alguém que dissesse qualquer coisa para mim. Procurei entre meus ouvidos um som, mas a única coisa que eu ouvia era meu próprio pensamento. Não de um Demônio, não podia ser. Fazia sentido demais para ser. Todo o universo deveria ser obra do Demônio, se o Demônio fizesse assim tão mais sentido que Deus. Dizia essa voz em cada palavra, sem recuar:

– Deus não existe.

Até que, enfim, eu admiti que a voz era a minha.

– Deus não existe! Deus não... existe!!!

Então me dirigi a meu amigo invisível de quinze minutos atrás.

> Se você existe, mas acho que falo com o vazio, sabe até onde me trouxe. A não mais acreditar em você. Não posso aceitar um Deus que quer que eu tenha ódio de minha própria mente. Você viu tudo. Eu vou embora.

E o silêncio se tornou plenitude, não a de se sentir protegido por coisas da imaginação, mas a de compreender. Eu era livre, havia trazido a mim mesmo até ali.

O mundo voltou a fazer sentido – e eu amava o mundo.

COMO DEIXEI DE SER CRENTE Nº 5: respondendo a alguns filósofos cristãos

Vamos falar um pouco de filosofia. Diferentemente dos crédulos comuns, filósofos cristãos não caem em contradição facilmente e estão dispostos a avaliar argumentos de ateus. São um desafio intelectualmente excitante, e todo ateu com gosto por debater ideias deve se dispor a levá-los a sério, em vez de descartá-los de forma apressada e preconceituosa.

São Tomás de Aquino (1225-1274) foi um filósofo racionalista que acreditava que a razão não contradiz a fé em Deus. O pensamento ocidental deve muito a esse padre dominicano. Como era um racionalista, São Tomás tentou provar a existência de Deus de forma lógica – de cinco formas, ou "quinquae viae" no latim original. Resumo essas provas aqui:

Argumento *ex motu*: todas as coisas estão em movimento, e alguma coisa deve tê-las posto em movimento, coisa essa que também foi movida por outra coisa e assim por diante. Àquilo que deu movimento a todas as coisas e não foi movido por nenhuma chamamos Deus.

Argumento *ex causa*: todas as coisas do universo têm uma causa, mas não é possível que haja infinitas causas. À causa de todas as causas chamamos Deus.

Argumento *ex contingentia*: como todas as coisas, o universo poderia existir ou não existir. Para ele existir, deve haver algo que seja sua contingência, isto é, uma condição sem a qual ele não iria existir. Esse algo, por sua vez, é a única coisa que existe independentemente de contingência, e a isso chamamos Deus.

Argumento *ex gradu*: vários graus de perfeição podem ser encontrados pelo universo. A existência desses graus assume uma perfeição maior. A perfeição de onde derivam todas as outras é Deus.

Argumento teleológico: todos os seres naturais agem conforme fins, mas esses mesmos seres não são inteligentes. É preciso que alguma coisa inteligente tenha colocado esses seres irracionais em uma função racional.

Os dois primeiros argumentos podem ser rebatidos pelo fato de o próprio universo ser eterno, como querem muitas teorias astrofísicas contemporâneas. Caso contrário, levando em conta que o Big Bang seja mesmo o começo de tudo, como agrada a muitos cristãos mais modernos, o que São Tomás está fazendo é provar que o Deus cristão não existe, e que o "deus" da astrofísica não existe mais.

O que, afinal, se quer dizer pela palavra "Deus"? Não há religião no mundo que se refira a um buraco negro, um ponto de matéria infinitamente quente, denso, pesado e inconsciente como "Deus". Por haver uma causa ao universo, não significa que ela tenha boca, barba, mãos, temperamento e a vontade de julgar os homens descrita nos livros sagrados. A prova de ter havido uma causa não é nem mesmo prova de que essa causa ainda exista: pelo contrário, esse deus-buraco-negro deixa de existir assim que passa a haver o universo. Isto é, os argumentos cosmológicos no máximo podem provar que "Deus" simplesmente não é um deus, e que não existe mais. Se o universo é eterno, não tem um criador. Se, ao contrário, o buraco negro inicial era eterno, se não existia tempo antes dele, também significa que não foi criado. E assim, nesse floreio astrofísico, ou Deus não existe ou você deve chamar "Deus" a um buraco negro.

Uma terceira opção seria dizer que nem o universo nem o ponto de matéria pré-universo foram ou são eternos, mas que Deus foi "quem criou e fez explodir o buraco negro primordial". É uma saída vergonhosa empurrar Deus para a ignorância, onde a ciência não enxerga ainda. Implicitamente, é reconhecê-Lo como mera mitologia, ocupando o espaço que Zeus, Thor e Tupã ocupavam para explicar os trovões antes de entendermos a eletricidade. E, ainda assim, continua a não resolver a questão de que não há nenhum motivo para que esse "god of the gaps", "deus das falhas", não seja tão físico, inconsciente e extinto quanto o buraco negro primordial. Afinal de contas, se todas as causas que conhecemos dispensam uma explicação sobrenatural, qual é o sentido de achar que a primeira seja diferente?

O terceiro argumento parece com o segundo à primeira vista, mas é mais sólido e interessante. São Tomás não quer agora a causa das coisas, mas encontrar aquilo sem o qual o universo não existiria, assim como você não existiria sem a exata circunstância de sua mãe e seu pai estarem num *drive-in* em Embu das Artes na traseira de um fusca numa tarde de 1979. A resposta é que simplesmente é inconcebível o universo não existir. Para você ou qualquer um estar se perguntando "como seria se o universo não existisse?", é preciso que exista o universo, e, assim, exista você. Isto é, o próprio universo é que é incontingente, a contingência de todas as outras.

O quarto argumento é uma armadilha neoplatônica, o tipo de idealismo que ninguém aceita mais hoje em dia, que o mundo das ideias dispensa a humanidade e precede o mundo físico. Esse argumento prova que Deus existe como conceito no mundo das ideias, assim como o Saci-Pererê ou Dick Tracy, coisa que ninguém contesta. Mas nada diz sobre a existência física desse criador no universo em si.

A respeito do último, é difícil alguém dizer que uma pedra tenha função hoje em dia, então vamos ficar nos animais e nas plantas. Sabendo como a vida surgiu, unicelular, podemos entender que ela não tem função nenhuma, ela simplesmente é uma coisa que passa a copiar a si própria – e o próprio fato de se copiar é que explica a expansão e a manutenção do processo. As "funções" das plantas e bichos não são em nada diferentes do fato de uma pedra esculpida pela água tomar o formato da corrente. Ninguém fala da grandiosidade de Deus olhando para os seixos que o rio alisou, de forma tão óbvia. Assim, não faz o mínimo sentido tratar os bichos e a nós mesmos como algo que precise de Deus como explicação mais do que um acidente de carro ou uma torneira gotejando.

Recapitulando: se o universo é eterno, Deus não existe. Se o universo começou com o Big Bang, e o ponto de matéria que concentrava o universo era eterno, Deus não existe. Se ambos não são eternos – e, para pensar assim, você já está jogando pela janela um bocado de boa astrofísica –, não há o mínimo motivo para pensar que o que criou esses objetos físicos seja diferente deles próprios. Isto é, que não seja outra coisa tão burra quanto uma singularidade gravitacional, *wormhole*, dimensão extra, colisão de partículas, estrela, buraco negro ou explosão, mas um "deus", um ser inteligente e com propósitos. Um deus bastante ilógico, que, em vez de simplesmente nos criar do barro, feito o que está escrito na Bíblia, prefere esperar 14 bilhões de anos de interações aleatórias até ver seu projeto dar algum resultado e, assim, poder começar a nos julgar e nos enviar profetas e messias.[1]

—

Blaise Pascal (1623-1662), que, além de filósofo, foi um grande matemático, considerou seriamente que Deus pode não existir. Mas, se Deus existir e você não acreditar, irá para o Inferno quando morrer. Por outro lado, se Deus não existir e você acreditar, não vai acontecer nada de diferente quando morrer; você não será castigado pelo "nada" por ter acreditado em Deus. Dessa forma, na dúvida, é melhor acreditar em Deus. O nome disso é Aposta de Pascal.

Pascal não se lembrou, no entanto, de que há centenas de religiões no mundo. Sabemos que a ideia de um só Deus está longe de ser universal: a grande maioria das religiões acredita em muitos deles, e suas doutrinas e ideias são muito distintas daquelas do judaísmo ou do cristianismo ou Islã. Mesmo essas, que dizem acreditar no mesmo Deus, também divergem bastante entre si: afinal, é possível ser salvo apenas pela fé (pentecostais), pela fé e boas ações (católicos) ou pela fé, boas ações e cumprimento à risca das leis de Deus (judeus e islâmicos)?

1 Esta discussão é reproduzida de meu blog pessoal, publicada em 4 de dezembro de 2008 sob o título "Deus, um buraco negro".

Para o Islã, Deus não vai salvar judeus e cristãos; para judeus, Deus não vai salvar cristãos e islâmicos; para os cristãos, Deus não vai salvar islâmicos e judeus. Assim, se o Islã ou o judaísmo estiverem certos, pouco adianta "apostar" no cristianismo. Para o hinduísmo, comer vaca é um pecado mortal que causa *karma*. Se o resultado da loteria das religiões der hinduísmo, você vai reencarnar como uma barata por ter sido carnívoro.

O que impede de a religião certa ser uma das religiões mortas, como a greco-romana? O que pensa Zeus dos cristãos? Desaparecer prova que esses deuses não existiam? Se é assim, por que os protestantes querem resgatar o cristianismo primitivo, que não existe mais?

Quando você começa a comparar as religiões, percebe que nenhuma delas é eterna, todas tiveram uma hora de começar, e a maioria delas acabou sem qualquer fiel. E não ter nenhum fiel já foi o *status* do cristianismo, Islã e judaísmo – antes de serem fundados, como em 2550 a.C., no tempo do faraó Khufu, que fez a pirâmide de Quéops.

Os cristãos enxergam as outras religiões como superstições inventadas. Todas elas, centenas delas. Ora, se religiões podem ser inventadas, por que aquela em que por puro acidente você veio a nascer é diferente? Se você tivesse nascido hindu, também não acharia o cristianismo inventado?

Se a aposta mais provável, assim, é de que não exista nenhum Deus – ou que, ao menos, nenhuma religião esteja certa –, apostando nisso você estará sendo justo com a história, as outras culturas e suas próprias ideias. Não é de forma alguma o caminho mais fácil, mas é o mais honesto intelectualmente e, às vezes, até mesmo o mais moral. Mentir para si próprio sem motivo não é mais justo que mentir para os outros.

—

O problema do mal é um desafio extremamente sério aos cristãos. Levantado pelo cético Epicuro (341-270 a.C.), que buscava então responder ao teísmo dos filósofos platônicos, o problema diz:

1. Deus é onipotente, onisciente e infinitamente bom.
2. Um Deus infinitamente bom deseja impedir que o mal exista.
3. Se Deus não sabe onde está o mal sempre que acontece, não é onisciente.
4. Se Deus sempre sabe onde está o mal, mas não pode impedir que exista, não é onipotente.
5. Se Deus sempre sabe onde está o mal e tem poder de impedi-lo, mas ainda assim decide não fazer isso, Deus não é infinitamente bom.

6. O mal existe.

7. Portanto, um Deus onipotente, onisciente e infinitamente bom não pode existir.

Uma resposta comum que surgiu para esse problema é a existência do livre-arbítrio: como o mal emerge das decisões ruins das pessoas, Deus não poderia impedir o mal sem produzir um mal maior ainda, removendo o livre-arbítrio dos humanos.

É uma resposta razoável, mas contém uma falha: fazer o mal não é apenas uma decisão das pessoas mas também algo que envolve condições materiais. Muitos assassinatos são frustrados por problemas de última hora: a arma emperra, o assassino espirra e é descoberto, um pneu do carro presidencial fura e o comboio atrasa. Se Deus não interveio em qualquer um desses fatores, significa que Ele decidiu-se a favor do assassinato de John Kennedy em 1963? Que tal outro assassinato bem mais catastrófico, o do Arquiduque Ferdinando, em 1914, que levou ao começo da Primeira Guerra Mundial? Deus poderia permitir a existência dos nazistas por livre--arbítrio, mas qual é a razão de permitir que eles efetivamente conseguissem exterminar seis milhões de judeus?

E há ainda situações em que o mal não envolve nenhuma decisão humana. Qual a razão para o *tsunami* da Indonésia em 2004?

O filósofo alemão Gottfried Leibniz (1646-1716), a exemplo de Blaise Pascal, deu contribuições importantíssimas à Matemática. Insatisfeito com as respostas anteriores, o filósofo preocupou-se em resolver o problema do mal. Sua solução é expressa na frase: “Vivemos no melhor dos mundos”. Como Deus é bom, nos diz Leibniz, e controla todas as coisas, Ele só poderia estar sempre levando o mundo para a melhor situação possível. Nós apenas não sabemos o que aconteceria se o que julgamos mal não tivesse ocorrido, mas certamente seria pior.

O argumento de Leibniz cria um Deus utilitário, totalmente sem princípios. Em nome de um bem maior desconhecido, Deus causaria todas as mortes. Para esse Deus, as pessoas que morreram no *tsunami* de 2004 e todos os judeus nas mãos dos nazistas precisavam obrigatoriamente morrer, por razões que nunca saberemos. Se fôssemos agir como esse Deus, e deveríamos, porque Deus é a perfeição, então é lícito torturar suspeitos, censurar adversários, aprisionar oponentes políticos, cometer genocídios e guerras ofensivas: tudo isso foi e é feito com justificativa no “bem comum”.

E pode ficar pior. Se, como queriam racionalistas católicos, as razões de Deus estão expressas nas leis do Universo e devemos conhecer essas razões, então também temos a obrigação de descobrir o que de positivo existe em cada tragédia, encontrar as razões de Deus nelas. Quem vê algo de bom no Holocausto e no *tsunami* da Indonésia está entendendo a Deus.

Os tupis cometiam canibalismo; os brasileiros, não. Isso significa que seu extermínio foi uma coisa boa, e, assim, deveríamos fazer novamente se tivéssemos a chance? Aliás, sabendo que todos os males vêm para bem, seria lógico repetirmos todos os males quando as condições forem similares.

Um tsunami ajudou a enfraquecer as ideias de Leibniz. Em 1755, um terremoto em Lisboa causou um *tsunami* que matou, calcula-se, até cem mil pessoas. A Europa ficou chocada em ver uma catástrofe desse tamanho atingindo um país dos seus, e um país particularmente católico e conservador. Por que, afinal, o Deus todo-poderoso estaria conspirando contra Seus próprios servos? E pessoalmente, sem a interferência do livre-arbítrio de nenhum humano maligno.

O terremoto foi um impulso ao Iluminismo. François-Marie Arouet Voltaire (1694-1778) escreveu *Cândido*, um livro satírico apenas para contradizer Leibniz. O personagem principal do livro, apelidado Cândido por sua inocência, é guiado por todo o tipo de desgraças do mundo acompanhado por uma caricatura de Leibniz, o Dr. Pangloss, que sempre acha que as coisas acontecem da melhor forma possível. As surras que levam, a perseguição por canibais e o fato de a amada de Cândido acabar feia e desdentada são tudo pelo bem maior, os desígnios misteriosos da Providência divina.

Voltaire foi um defensor de uma nova ideia, o deísmo: a ideia de que Deus existe, sim, mas não intervém no mundo – isto é, Deus criou o mundo e suas regras, mas não controla pessoalmente terremotos, nem catástrofes. Esse tipo de ideia é mais compatível com a ciência moderna, e também alivia a “culpa” de Deus em quem prefere ainda acreditar. Muitas pessoas que têm fé e não têm religião preferem pensar assim. Mas eu pergunto: para que pensar assim? Qual é a diferença entre um Deus que não faz nada e a inexistência de Deus?

PARTE 5:

SIMPATHY FOR THE DEVIL

O que faria seu bem se o mal não existisse, e como pareceria a Terra se todas as sombras desaparecessem?

(Mikhail Bulgakov)

– Como assim você não acredita em Deus?! Desde quando?

– Desde um mês atrás, mais ou menos.

– Mas o quê que houve? Acreditava e de repente, assim, do nada, não acredita mais?

– Acho que eu só assumi o que já estava pensando.

– Ah, eu sabia que isso tava acontecendo... Mais de um ano sem ir à igreja. Acredita em quê, então? O que acontece quando alguém morre?

– Ora... nada! Deixa de existir.

– Como assim, fica no nada, para sempre? Sem ver nada, ouvir nada? Isso é pior que o Inferno.

– Não é assim. Você só não existe, não é como se ficasse boiando no nada. Você não pode sentir ou ficar preocupado ou chateado ou entediado, porque não pensa nada. Simplesmente não existe.

– Não faz sentido.

– Faz, sim. O que você estava fazendo naquela tarde de 19 de outubro de 1739?

– Eu não tinha nascido.

– E estava sofrendo por não existir?

– Acho que entendi, mas ainda acho muito ruim... Então, sua mãe não existe mais?

– Existe na minha memória e na de quem a conheceu.

– E quem faz tudo errado, mata, estupra?

– Só tem a gente pra castigar.

– Mas e a Bíblia?

– O que tem a Bíblia?

– Você não acredita mais na Bíblia?

– Claro que não.

– Como assim "claro que não"? E a palavra de Deus?

– Acho que já falei que não acredito mais em Deus.

– Ah, então, a Bíblia apareceu do nada? Quem escreveu a Bíblia?

– Ora, quem? Gente, quem mais? Mesmo se você acredita em Deus, não foi Deus quem escreveu a Bíblia. É só um livro.

– Ah... ai... O sangue de Jesus tem poder! Demônio, eu te reprimo! Em nome de Jesus!

– Que demônio?

– O que bota essas ideias nos seus ouvidos.

– Eu virei ateu, não satanista.

– Então você também não acredita no Diabo?!

– Claro que não. Se eu não acredito nem em Deus, por que iria acreditar no Diabo?

– Nossa, mas isso é... pior ainda! Sai, sai daqui! Não quero ouvir isso. Sai!

– Não faz isso!

– Sai!

– Tacar laranja também não! Para com isso, pai!

—

A sensação de fazer uma refeição sem agradecer antes era a mesma de não lavar as mãos. Havia algo impuro, como se aquilo fosse transmitir alguma doença. Não orar antes de dormir, ficar sozinho com os próprios pensamentos também significava evitar a cerimônia de encerramento do dia. Como se a programação das TVs simplesmente apagasse sem antes tocar o Hino Nacional.

Por outro lado, eu tinha novas liberdades. Eu tinha um CD dos Rolling Stones, uma coletânea de 1965 a 1971. Enquanto me restava alguma fé, sempre fazia o aparelho de som pular a faixa 2 do disco. Aquele Deus flexível dos últimos dias entendia eu ouvir Rolling Stones, mas "Sympathy for the Devil" já era meio demais. Agora deixava de lado essa superstição. Baixei o volume e ouvi só para mim.

Please allow me to introduce myself
I'm a man of wealth and taste
I've been around for a long long year stolen many man's soul and faith
I was around when Jesus Christ had His moment of doubt and pain
Made damn sure that Pilate washed his hands and sealed His fate
Pleased to meet you hope you guess my name
But what's puzzling you is the nature of my game

Stuck around St. Petersburg when I saw it was a time for a change
Killed the Tzar and his ministers, Anastasia screamed in vain
I rode a tank held a gen'rals rank when the blitzkrieg
raged and the bodies stank
Pleased to meet you hope you guess my name. Oh yeah
Ah what's puzzling you is the nature of my game. Oh yeah

I watched the glee while your kings and queens fought for
ten decades for the Gods they made
I shouted out "Who killed the Kennedy's?" when after all
it was you and me
Let me please introduce myself I'm a man of wealth and taste
And I lay traps for troubadors who get killed before they reach Bombay
Pleased to meet you hope you guess my name. Oh yeah
But what's puzzling you is the nature of my game. Oh yeah
Pleased to meet you hope you guess my name
But what's puzzling you is the nature of my game

Just as every cop is a criminal and all the sinners, Saints
as heads is tails, just call me Lucifer 'cause I'm in need
of some restraint
So if you meet me, have some courtesy have some sympathy
and some taste

Use all your well learned politesse or I'll lay your soul to waste
Pleased to meet you hope you guess my name
But what's puzzling you is the nature of my game[1]

Não caí da escada, não fui espancado na escola, não tive doença de pele. Em poucos dias, a família inteira estava ouvindo "Sympathy for the Devil". Eles não faziam a menor ideia sobre o que era a letra da música e, em todo caso, na cabeça deles, tudo o que eu ouvia já era do Diabo, de uma forma ou de outra.

1 Tradução livre por mim mesmo:

Permita-me, por favor, me apresentar
Sou um homem de posses e bom gosto
Estive por perto por um longo, longo ano, roubei a alma e fé de muitos homens
Estava por perto quando Jesus Cristo teve seu momento de dúvida e dor
Garanti que Pilatos lavasse suas mãos e selasse seu destino
Prazer em conhecê-lo, espero que saiba meu nome
Mas o que o intriga é a natureza do meu jogo

Estava lá por São Petersburgo quando vi que era hora de uma mudança
Matei o czar e seus ministros, Anastácia gritou em vão
Eu dirigi um tanque, tive a patente de general
Quando a *blitzkrieg* devastou e os corpos fediam
Prazer em conhecê-lo, espero que saiba meu nome, oh yeah
Mas o que o intriga é a natureza do meu jogo, oh yeah

Eu olhei com júbilo quando seus reis e rainhas
Lutaram por dez décadas pelos deuses que eles criaram
Eu gritei "quem matou os Kennedys?" quando, afinal de contas,
foi você e eu
Por favor, permita-me apresentar, sou um homem de posses e bom gosto
E eu deixo armadilhas para todos os trovadores
que são assassinados antes de chegarem a Bombaim
Prazer em conhecê-lo, espero que saiba meu nome
Mas o que o intriga é a natureza do meu jogo

Assim como todo policial é um criminoso
E todos os pecadores, santos
Como cara é coroa, apenas me chame de Lúcifer, porque estou precisando
de algum controle
Então, se você me encontrar, tenha alguma cortesia, tenha alguma simpatia
e algum bom gosto
Use toda sua bem aprendida educação ou eu destruirei sua alma
Prazer em conhecê-lo, espero que saiba meu nome
Mas o que o intriga é a natureza do meu jogo

—

Parei de usar o corte de cabelo que meu pai havia escolhido para mim aos dez anos. Raspei a cabeça. Era moda.

– Ei, Silvana! Mudou de visual?

– Enrico, tem uma coisa que eu preciso te dizer faz tempo. Com todo o respeito à senhora sua mãe, Silvana é a puta que te pariu.

Havia ensaiado isso havia alguns dias.

– Ô, tá revoltado, é?

– É... acho que é.

– Pô, você era todo certinho. Que bicho te mordeu?

– Mudei de ideia.

– Tá ouvindo alguma coisa? Virou *punk*?

– Rolling Stones, The Doors, Smashing Pumpkins.

– Eu gosto de Stones. Mas mais de Beatles.

– Stones é *rock*, Beatles é *jingle* de confeitaria.

– Ei, respeito, cara! Caramba, virou *punk* o...

– O Silvana?

– É... deixa pra lá. Foi mal, cara.

– Não, agora me diz. O que quer dizer Silvana?

– Ahn... nada. Não quer dizer nada. Era só para te irritar.

– Funcionou.

Enrico, o piadista, pegava ônibus para o mesmo lado que eu. Quis continuar a conversa depois da aula.

– Ei... Fábio... Você não me respondeu. Por que deixou de ser certinho?

– Qual é a curiosidade, cara?

– Só curiosidade, oras.

– Eu não sou *gay*. Larga dessa.

– Ô, tá louco? Nada a ver.

– Tá. Bem, alguém ia ter de saber. Olha, eu era crente. Por isso eu era certinho. Agora sou ateu.

– Caramba, de crente pra ateu? Como isso?

– História comprida. Pra encurtar, na igreja é tudo... um bando de fascistas.

– Isso eu também acho. E você saiu sozinho, ninguém te deu um toque?

– Não. Sei lá, talvez as músicas. Talvez conhecer história.

– Você gosta dos Stones e do Doors, né? Jim Morrison era um cara cabeça. Sabia das coisas. E Lennon... Sempre tem uma mensagem que a maioria das pessoas não pega. "Lucy in the sky with diamonds" é LSD. Subversivo.

– Bom, aí até Raul Seixas. Metrô linha 743.

– "Os canibais comedores de cabeça comem o cérebro daqueles que pensam porque quem pensa pensa melhor parado". No nariz da ditadura!

– Isso. Meu ponto é o próximo.

– Ei, cara! Você é cabeça!

--

Fiquei desconfiado, mas, no fim das contas, o tal Enrico fanfarrão havia mesmo mudado de ideia a meu respeito. Ele e a classe. Pela primeira vez na vida, fui chamado para sair à noite.

Em duas semanas, uma parte daquilo que eu havia pedido por quatro anos parecia se concretizar. Eu quase tinha amigos. Meu pai não quis me dar um tostão.

– Pra que você precisa sair à noite?

– Pra encontrar os amigos. Arrumar mulher. Pra não ficar sozinho.

– Volta pra igreja que você arruma namorada.

Eu tinha alguns trocados do novo estágio, no setor de informática de um clube de campo. Era para o almoço, mas assim são as decisões da vida adulta. Fui andando até a casa de *shows*, um lugar enorme chamado Chocolate Chic.

Parecia um galpão industrial, e as paredes eram muito escuras, pintadas de preto. Os DJs tocavam música eletrônica comercial. Da banda, só percebi que plagiavam The Clash e tentavam parecer engraçados. Eram uns tais de Mamonas Assassinas.

Se não era para ouvir música, o que, afinal, dava para fazer ali até a hora de sair? Contei minhas moedas e fui até o balcão. Comprei um *hi-fi*, porque achei o nome *hi-tech*. Fiquei tomando sozinho num canto.

– Ô, sai daí! Vem ver o *show*.

Eu havia reparado em Liliane na sala. Havia até escrito uma poesia idiota para ela. Agora, não tinha a menor ideia do que fazer. Fui até a pista, olhei a banda. Liliane dançava, queria que eu dançasse também. Eu não sabia.

Fui tentar conseguir alguma ideia no bar. Ficava perto dela, olhando para ela, mas não dizia nada. Levou sua cabeça até meu pescoço e perguntou:

– O que você tem?

– Ahn... a música... é chata.

– Não acho.

Deu meia-volta, subiu até o bar. O que eu devia fazer agora?

– O que eu devo fazer agora?

Perguntei ao Enrico.

– Chega junto, cara!

E eu fiz. Ela ia até a pista, eu ficava por perto, olhava, não dizia nada. Ela ia ao bar, eu também ia. Ela ia até o banheiro, e percebi que estava sendo meio idiota. Voltei a olhar para moças aleatórias, sem saber o que seus olhares respondiam. Senti então uma mão no meu braço.

– Escute, Fábio...

Minha cara queimava, senti os joelhos frouxos.

– Você é legal, mas vamos ser amigos. Não tem nada a ver ficar. Fui clara?

--

Às cinco e meia da manhã de 1995, eu caminhava sozinho por Curitiba.

– Deus, você é um grande... filho da puta! Filho da puta, ouviu? Eu te odeio! Não vai fazer nada? Olha pra cá, filho da puta!

Não havia ninguém para ouvir.

– Eu! Eu sou um grande filho da puta. Um desgraçado miserável. Burro! Burro!...

Não tive muito como sentir a ressaca.

--

Enquanto era novidade, beber fazia me sentir uma pessoa nova no dia seguinte. Depois de atiradas ao chão e misturadas, as ideias se reorganizavam espontaneamente em uma posição nova.

No dia seguinte, tinha mais de um problema para resolver. O que havia feito de errado? Xingar Deus não seria acreditar em Deus?

Não havia nenhuma resposta para a primeira questão. Sobre a outra, pensei que não. Pode ter sido inútil e patético, mas não provava nenhuma recaída de fé. Para cantar "Sympathy for the Devil", é preciso não acreditar no Diabo. Se você acreditar, isso quer dizer ir para o Inferno. Então, para chamar Deus de filho da puta, é preciso não acreditar n'Ele.

--

O ano de 1995 acabou e, no fim das contas, eu não era amigo de ninguém na classe. Cheguei a pensar que era do Enrico, mas ele acabou furando toda vez que tentei marcar de sair depois que acabou o colegial. Isso não me abalou, porque já tinha ido bem mais longe que antes nisso de ter amigos. Seria uma questão de tempo. Decidi não fazer vestibular, queria tirar um ano de folga. Queria decidir alguma coisa.

Fui efetivado no estágio, e isso significou trabalhar muito longe de casa, porque a sede do clube de campo ficava fora de Curitiba. Também significou ter dinheiro para sair à noite. Começou meu curso intensivo de coisas de jovem, quase aos dezoito anos. E, afinal, arranjei um camarada do serviço para jogar sinuca comigo. Chamava-se Ewagner. Ele era cabeça.

--

Na noite de 1º de março de 1996, um acidente aéreo causou a morte de todos os integrantes do Mamonas Assassinas. No domingo seguinte, a família estava reunida em casa, assistindo às manifestações piegas que tomavam a TV. A banda tosca de piadas de nordestino havia sido promovida a mártir da pátria. Havia até uma musiquinha do grupo de pagode mauricinho (e, céus, como havia grupos de pagode mauricinho nos anos de 1990), o Só Pra Contrariar:

> Com um toque de magia
> De Guarulhos surgiria
> A malícia inocente
> Para encantar a tanta gente
>
> Fascinaram nossas crianças
> Um fenômeno então surgiu
> Mostrando a cara do Brasil
> Mamonas Assassinas!

– Coitados desses moços. Tão novos, tudo pela frente.

– Ah, tia Dulce, você não sabia? No segundo disco, os Mamonas iam fazer uma música tirando sarro dos evangélicos.

Sérgio, o primo do metal, era quem tinha a teoria alternativa.

– Olha só, os Beatles disseram que eram mais populares que Jesus. Pouco depois, a banda acabou. E todo o mundo sabe o que aconteceu com John Lennon. Pois é... Deus não brinca! Não mexam com Deus!

Dizia isso com seu jeito empolgado, como se falasse de um monstro de *video game* ou super-herói de quadrinhos.

– É, a mão de Deus pesa sobre o infiel.

– Com certas coisas, não se faz piada.

– Deus é piedoso, mas é firme.

A família inteira concluía que era justo ser atirado contra uma montanha num avião e esquartejado vivo por fazer piada com crentes. E que era uma punição típica de Deus.

– Não, peraí... Eu tô ouvindo isso mesmo?

– Ih, lá vem o desviado!

– Então, o Deus de vocês mata quem faz piada, é isso que estão dizendo? Deus é assim, tipo Mussolini...

– Ah, você é um descrente, não adianta falar com você disso.

– Muito amor cristão o de vocês...

– Você nem cristão é mais.

– Estou falando do que eu conheço, eu li mais a Bíblia que vocês.

O avô interveio.

– Você leu a Bíblia, mas é orgulhoso. A ciência do homem é loucura para Deus.

– É, vô, muito mais pessoas foram salvas todos os anos por oração que por antibióticos, né? Pra que pesquisar o câncer? Pra que quimioterapia?

– Você vai se arrepender. O bom pastor vai buscar a ovelha desgarrada, mesmo longe do rebanho. Mas, antes, a mão de Deus pode pesar sobre você, até que se arrependa.

– Eu não sou ovelha, vô. Sou gente. Ovelha é um bicho bem burro, pra falar a verdade. Basta um cachorro pra segurar duzentas ovelhas.

Na hora que falei, não havia notado que isso punha meu avô no papel de cachorro. Ele não parecia ter se ofendido.

– Deus tem um plano para a sua vida, você é que não sabe.

– Um plano que envolve eu deixar de acreditar n'Ele?

– Você ainda acredita, só não quer aceitar.

– Quer ver o quanto eu acredito? Deus, se é que existes, me faça ser devorado pelos vermes agora. Assim como Herodes.

Os olhos pesados do pastor se afastaram dentro das lentes dos óculos, e a boca começou a titilar tentando achar o que dizer. Debochava de sua fé não um ímpio aleatório qualquer. Como se a vergonha fosse dele, de sua genética, do que não soube controlar em sua família. Por baixo de suas manchas de idade, a pele ficou vermelha, e ele elevou a voz cansada.

– Fecha essa boca imunda, em nome de Jesus! Eu te ordeno.

– Vá... tomar... no cu.

Os olhos do velho ficaram instáveis, e ele baixou-os ao chão.

– Você tem o coração de pedra!

Não respondi mais. Tranquei-me em meu quarto. Aquilo não foi um momento de libertação, mas algo que me fazia constatar o quanto estava implacavelmente sozinho entre eles, entre meus parentes. Eu era um mutante, um ser sem herança, sem família.

––

Ao contrário do que imaginei, não fui atirado à rua. Fui atirado a uma casa vazia.

Meu tio Isaque, o único outro membro da família que não é crente, havia acabado de comprar uma casa em Curitiba. Estava se preparando para sair de Criciúma, em Santa Catarina, e queria alguém para servir de caseiro enquanto isso. Era uma casa de madeira bem velha com um porão enorme, onde havia ferramentas abandonadas e um poço meio fantasmagórico. A água da rua estava desligada, e a bomba fazia um ruído horrendo, como se a casa estivesse sendo derrubada pelo maníaco da motosserra.

De móveis ali havia um colchão, meu aparelho de CD, um copo e uma colher. Ninguém me disse que havia uma razão para aquela mudança. Lembraram, contudo, que se fosse enfrentar o velho, todos estariam com ele – da próxima vez, fisicamente.

Meu tio iria tomar posse de sua casa em duas semanas. Resolvemos assim fazer uma festa antes. Por festa, digo dois moleques falando água sob efeito do álcool.

Saímos do trabalho para o lado da casa dele e compramos uma garrafa de conhaque Presidente num mercadinho. Andamos quarenta quilômetros de ônibus com ela, através da cidade. Só então lembrei que não havia nada na casa pra abrir a garrafa. Tentamos com a colher.

Então eu me lembrei do porão abandonado. Abrimos o alçapão, pulamos pra baixo e começamos a procurar, entre teias de aranha, pelas tralhas que o dono anterior da casa havia esquecido ali.

– Se a gente achar um corpo aqui, será que dá para usar a mandíbula para abrir a garrafa?

– Não, acho que os corpos estão todos no poço.

– Ah-ah! Isso vai servir.

Era um serrote. Com ele, abrimos a tampa plástica, e assim conseguimos falar dos peitos da Marisa Monte a noite inteira. Ewagner gostava de MPB, eu ouvia Led Zeppelin. Também consegui botar o estômago para funcionar no reverso no dia seguinte. Não teve expediente para mim.

--

Novidades da família. A parentada que havia ido morar nos Estados Unidos estava voltando: o tio Nadir, a tia Olga, as três primas – Selma, Laila e Renata – e o moleque Nadir Jr. Foram morar na edícula dos fundos da casa do meu pai, de onde eu estava exilado. Descobri visitando meu pai, numa tarde de sábado.

Não podia ser mais estereotipada a primeira impressão: todas as primas estavam com sobrepeso, pele cheia de espinhas, cobertas com uma maquiagem ultragrossa, roupas de *hip hop*, ouvindo *rap* cafona. Fazendo *cookies* no forno. Falavam inglês entre si, e ninguém em volta, exceto eu, entendia.

Selma era bronzeada-miami; Renata, branca-gótica; Laila, escura-mourisca, o que nos Estados Unidos se traduzia simplesmente por *black*. Um mês antes eu já sabia que elas estavam voltando, mas ninguém havia me dito por quê. Isso ouvi delas ao vivo. Não naquele dia, que estavam para amenidades, mas dois dias depois, em inglês.

Até um ano antes, eles moravam em Cape Cod, Massachusetts. Num dia de fevereiro, tinham voltado da escola e começou a nevar. Ficaram fazendo festa em frente à casa. Nadir mandou todo o mundo vir para dentro sem dar qualquer motivo.

Havia perdido o emprego como entregador de *pizzas* nesse mesmo dia. Não queria ver festa em casa. Ignoraram a ordem. Então ele se impôs, com um murro no olho esquerdo de Laila.

No dia seguinte, ela tentou evitar explicações na escola, mas as perguntas foram muitas, e teve de falar com a diretora, que a interrogou feito um episódio de *Law and Order*. Nadir acabou procurado por um agente social, que descobriu então sua situação de ilegal. Nadir seria julgado pela agressão e podia parar na cadeia ou ser deportado. Mudaram-se para a Flórida, ficaram alguns meses por lá, até ele ser encontrado novamente pela lei. Então surgiu a ideia de voltar ao Brasil.

– Mas que filho da puta!

– *Huh... he is our father, you know?*[2]

– Sei que é, mas você não tem culpa disso.

--

Na metade de 1996, entrei num cursinho intensivo. Sabia o que queria fazer, e não era escrever em inglês falsificado para computadores lerem, nem fazer o *software* de automação comercial da padaria. Queria escrever para pessoas. Fiz o teste de aptidão que ofereciam, e o resultado foi que eu deveria ser jornalista, publicitário ou cientista.

Li um texto de Gabriel García Márquez em que ele dizia que jornalismo é a melhor profissão do mundo, e a melhor para um escritor. Inscrevi-me para Comunicação Social/Jornalismo na Universidade Federal do Paraná.

Tive uma paixão no cursinho. Chamava-se Ana, e ela tinha um visual Branca de Neve gótica, olhos azuis, cabelos pretos.

– Ana, acho que... eu... tipo... gosto de você. Não, estou apaixonado por você. É isso. Ahn... Falei.

Foi a primeira vez na vida que eu disse a uma mulher o que eu sentia, em vez de ficar por perto fazendo cara de canibal esfomeado.

– Eu tenho namorado.

Eu ao mesmo tempo fiquei frustrado, o que não era novidade, e muito contente comigo mesmo de haver tomado uma atitude. Dessa vez, isso não iria me abalar.

2 "Hã... ele é nosso pai, sabia?"

--

De certa forma, fazer vestibular era a prova de que, com ou sem igreja, ao menos eu pretendia ter um futuro. Por essa época, eu havia voltado a morar na casa do meu pai, com a condição implícita de não discutir religião. Se meu pai estivesse por perto quando me comportava feito ateu, voava para meu lado o que estivesse mais perto de sua mão. Com sorte, eram laranjas. Sem sorte, um ferro de passar.

(Para ser honesto com o velho, essa foi só ameaça.)

--

Faltei em muitas aulas no cursinho. No dia da prova, respondi às questões sem esperança, quase que só para não achar que desperdicei o dinheiro todo nas aulas.

Estava no trabalho no dia do resultado, um mês depois. Ligaram o rádio. Por uma hora, fiquei procurando outra coisa para fazer, irritado, enquanto liam outros cursos. Esperando a mesma frustração patética daquele vácuo, como quando não passei no Colégio Estadual. Olhar listas novamente, conferir as listas erradas. Pedi que desligassem o rádio, mas ninguém deixou.

Edneia Gomes
Eduardo dos Santos
Fabio Rodolfo de Oliveira
Fábio R. Marton

– Passei! Puta que o pariu, passei!

Eu devia ir para a universidade conferir a lista impressa, e me dispensaram para isso. O povo do trabalho nem deu chance ao pessoal do trote, destruíram meu cabelo lá mesmo. Havia passado em quinto lugar, num vestibular com 22 candidatos por vaga.

Em casa, fui recebido com um ovo na cabeça pelas primas.

– Meu filho é atrapalhado, mas é o mais inteligente da família.

– O mais bonito também – acrescentou Laila.

—

Pouco tempo depois, Laila estava sentada no carpete da sala. Sentei-me atrás dela no sofá e comecei a alisar a cabeça dela, um cafuné. Tia Olga não se comoveu com a cena.

– Mas Eeeee, quê que é isso?

– Ora, nada. A gente é parente, ora. Não tenho irmã.

No mesmo dia, Laila aceitou meu convite para ir ao cinema. Ela quis ver o filme da Madonna, *Evita*. Aceitei, o filme não importava. Dessa vez, eu iria fazer alguma coisa, nem que fosse tomar um tapa na cara.

Tinha a mão dela na minha, observava seus movimentos esperando a hora de tentar algo. Quando uma cena mais escura tornou tudo invisível, eu fui. Um beijo de língua. Aceito.

Saindo do cinema, nem eu nem ela sabíamos direito o que fazer da situação.

– E agora?

– O que foi? Não gostou? Não gosta de mim?

– *Yes, but... Hello?! We are cousins!*[3]

– Bem... Mas, sinceramente, o que tem de errado?

– Primos não podem ter filhos.

– Por favor, eu acabei de te beijar e você já está pensando em filhos?

– *Damn it!*[4]... Claro que não.

– Então...

– *You know what?... You're right!*[5]

E me abraçou novamente. Em duas semanas, a gente concluiu que estava namorando.

—

Laila se considerava crente, da Assembleia de Deus dos Estados Unidos, que lá é bem parecida com a do Evangelho Quadrangular daqui. Com dezessete anos, já havia tido dois namorados, mas era virgem.

3 "Sim, mas... Ei, acorda! Somos primos!"

4 "Dane-se!"

5 "Quer saber? Você está certo!"

Comecei a pregar todo o meu antievangelho para ela. Não achava que eu falava pela voz do Demônio, e ela concordava com o que eu falava ponto a ponto, mas nunca nas conclusões.

E uma dessas conclusões a que ela não podia chegar era essa coisa de deixar de ser virgem. Como a gente nunca ia a um lugar privado, já que isso significava estar prestes a fazer o que não podíamos, íamos a praças e parques, fugindo da família. E nesses lugares acabava acontecendo quase tudo, exceto o que não podia. Foram vários vexames escabrosos, que não deixavam de ter algo de aventura.

A "sogra" e também o "sogro" fingiam não saber o que estava acontecendo. Ele provavelmente queria me dar uma surra. Aliás, passou recado sobre isso a um primo meu, iria me dar uma surra. Mas não podia fazer nada na minha própria casa. Eu, de meu turno, não precisava de muito para detestá-lo, mas me esforçava para detestar mais um pouco. Era um sujeito asqueroso e hipócrita, metido a santo, mas abusador de mulheres.

Por esses dias, tia Olga apareceu chorando na cozinha. Estava com uma marca vermelha na cara.

– Esse homem está endemoniado!

– Jesus! O que houve, tia?

– A gente estava falando de se mudar daqui... Ele quer sair, mas a gente não tem dinheiro para alugar nada. Ele não aceita a situação. Quer que a gente vá morar em hotel, na rua, sei lá. Me acertou aqui! Ele estava louco, falou: "Eu vou para o inferno, mas você vem junto!".

– Tia, manda esse desgraçado do seu marido para a cadeia! Vai para a Delegacia da Mulher. O que ele tá querendo é ficar longe dos olhos da gente, pra poder bater em vocês à vontade.

Eu sugeri e insisti, mas a tia era reticente. Os parentes aceitaram a situação como coisa natural e a deixaram sozinha. Desde os Estados Unidos, disseram, ela ligava para se queixar do marido. Mas sempre voltava para ele.

Tentei convencer meu pai a expulsar de casa o Nadir. E ele, de fato, chamou o bruto às falas, mas primeiro me explicou a razão daquele cinismo todo.

--

Nos anos de 1970, Nadir era tido como um *playboy* rico dentro de uma igreja de pobres. Tinha uma TL, um carro esporte da Volkswagen. "Todas as moças", meu pai contava, "caíam pra cima dele". Assim, a minha tia Marta arrumou o casamento do partidão para a irmã.

Olga começou a apanhar dele já no primeiro ano de casamento. E contou a situação para seu pai, os irmãos, todo o mundo, em chamadas de telefone chorosas durante a madrugada. O pastor Rubens não teve dúvidas: "Divorcie-se já".

Tia Olga não fez nada, e o pastor foi à porta deles. Atendeu Nadir, Olga atrás, como uma visita de costume.

– Olá, papai.

– Paz do Senhor, Pastor.

– Não tem paz nem Senhor em você. E também não tem mais pastor aqui!

Meu avô deu um passo adiante enquanto sacava de seu paletó o revólver. Encostou a arma na testa do Nadir. Olga ficou sem voz, gritando no vácuo. Nadir deixou cair de sua boca mole:

– Jesus Cristo Senhor!... O que é isso, pastorzinho, o que é isso?!

– Eu não sou mais pastor. Muito menos pastorzinho, seu hipócrita covarde! Desisti quando arranjei isto aqui. Agora quem fala é o pai da Olga, na cara de quem você anda enfiando tapa todo o dia. Até agora, seu último dia.

– Pelo amor de Deus, pastor, por favor...

– Que Deus é o seu, canalha? O meu não é.

Nadir se pôs de joelhos e chorou lágrimas muito sinceras, enquanto Olga permanecia congelada.

– Pastorzinho, pastorzinho, tem pena de mim. Misericórdia! Jesus, misericórdia.

– Não põe Jesus nessa tua boca imunda. Olga! Você vem comigo.

Aos poucos, os músculos dela ganharam vida de novo. Deu dois passos em câmera lenta, passos de caminhada na Lua, em direção a ambos. E fez sua escolha: ajoelhou-se atrás do marido e o abraçou, sem dizer nada. E, por minutos, o pastor teve sua filha e seu abusador em sua mira.

Baixou a arma. O casal se pôs de pé, recuou, olhando ao chão, e fechou a porta sem dizer mais nada.

O pai caminhou de volta para sua casa na igreja, derrotado. Livrou-se da arma e continuou a ser pastor, como sempre. Em menos de uma semana, Olga e Nadir mudaram-se para Santa Catarina, e lá tiveram as filhas e o filho. Ninguém da família teve mais notícia deles até dez anos mais tarde, na época em que eu fui convidado a visitá-los, ainda criança.

Num domingo, a parentada parecia estar com a pele eletrificada, naquele misto de choque e interesse incontrolável que se vê em quem observa um acidente de carro. Renata, irmã da Laila, estava chorando à mesa.

– *Whore! They called me whore!*[6]

Na sexta-feira, tinha ido para um retiro de uma igreja, uma comunidade. Era uma chácara, onde os jovens ouviam roquinho cristão, oravam e tomavam refrigerante. Todo o mundo devia se recolher ao alojamento às 22 horas. Como pede a decência, os quartos das moças e dos rapazes ficavam em alas separadas.

Às 23 horas de sábado, alguém da ala dos moços foi até o banheiro. Ouviu um ruído que vinha da despensa e mudou seu caminho. Abriu a porta: um cara e uma garota. A garota era Renata e o cara, ninguém nem deu o nome. O crente que fez o achado correu até o pastor.

Nisso todo o mundo havia saído dos alojamentos e comentava vivamente a história. O pastor ligou para a nossa casa. Havia decidido que o melhor era expulsar a moça dali. Isolada do resto das pessoas, ela ouvia enquanto esperava: "Nossa... que vadia!", "Caramba, a Renata é puta! Quem diria?", "O pai dela é superbravo! Quero só ver!".

– *What a bunch of jerks!*[7]

A família não estava feliz com a história, e todos, exceto eu e Laila, preferiam se distanciar dela. Era um tanto como se ela atraísse má sorte, já que ela era, afinal, uma condenada. Nadir passou o dia inteiro calado.

No dia seguinte, Renata mostrou-me os galos na cabeça e as marcas de chutes nas pernas. Também tinha levado tapas na cara.

Tentei convencê-la a ir até a polícia, agora que havia provas. Tia Olga interveio:

– Você quer ver seu pai na cadeia?

6 "Puta! Puta! Eles me chamaram de puta!"

7 "Que cambada de imbecis!"

E ficou por isso.

--

Fiz todos saberem que queria espancar o Nadir. Quando ele chegava em casa, cuspia no caminho por onde iria passar. Encarava-o sem dizer nada, ele desviava o olhar primeiro. Meu pai deu um ultimato para Nadir sair da casa.

– Disse que, se ele quiser fazer o que bem entende, não faça na minha casa. Eu não concordo com isso.

– Vai expulsar o Nadir para ele espancar a família em paz, pai?

– Se eles gostam de apanhar, é problema deles. Nadir é um filho da puta, mas a Olga é mais culpada por isso que ele próprio.

– Bem, tenho de concordar... Mas os filhos não são, né, pai?

– Não vou salvar o mundo.

– É, não vai. Afinal, não tem nada na Bíblia sobre ajudar o próximo em apuros, né?

– Olha a laranja!

– Parei.

--

As aulas começaram, e Cristóvão Tezza era meu professor de Literatura I. Deu uma lista com duzentos livros para escolhermos um para um trabalho. O meu foi *O mestre e margarida*, de Mikhail Bulgakov. Havia lido numa revista literária que é a inspiração para *Sympathy for the Devil*.

O Diabo vai a Moscou na época de Stalin, e anarquiza com todas as pretensões de ordem e controle dos comunistas. Um a um, os membros do partido que encontram Satã ou morrem ou acabam indo parar no hospício. O Diabo é o verdadeiro personagem principal do livro, com o Mestre ficando em segundo plano. Satã é uma espécie de herói picaresco, e Deus parece nem existir.

O livro foi proibido desde sua conclusão, em 1939, até 1966, quando o governo soviético liberou uma versão bastante censurada. Acho que foi por causa desse livro que não me interessei por marxismo na faculdade.[8]

8 Ainda que tivéssemos nossa dose obrigatória de Escola de Frankfurt, para provar que o mercado cultural capitalista é pior que a censura soviética, fazendo-a parecer uma ligeira crítica mal-humorada, exceto pelo fato sem graça de que os autores estão mortos.

Meu programa de desconversão para Laila parecia estar surtindo efeito. Nadir, sendo quem era, e achando-se um exemplo de fé, ajudava muito. Passei a ela o livro. A sua fé, no entanto, ainda passaria por algumas provas.

--

Meu pai ia e levava o resto da família a uma igreja moderninha próxima de casa. Laila também frequentava, e me empurrou para um culto. Em compensação por estar ouvindo minhas coisas ateias todas. Achei desafiador, aceitei.

Na entrada, meu pai apontou a BMW do pastor.

– Ele é rico e não esconde isso de ninguém. É uma igreja muito abençoada.

O tamanho da bênção era cerca de duas mil pessoas de classe média alta. O pastor chamava-se Martinho e era um espetáculo exemplar. Chamou um crente a dar testemunho de uma gripe curada. Outro, por ter achado seus óculos. Vendia areia de Jerusalém. Vendia uma fitinha para "amarrar o valente". Vendia óleo abençoado. Tinha carnê de pagamento para a obra da igreja.

– Agora que vocês têm o envelope de doação em mãos, quem aqui na igreja tem mil reais para dar? Ninguém? Ninguém fará o sacrifício por Jesus? Oh, irmão diácono Antônio, que bênção! Mas só... só você, ninguém mais? Irmãos, lembro que não é dízimo, é um sacrifício. Façam como Jó, primeiro se livrem das suas posses, depois Deus devolve em dobro! Está bem, então quem aqui tem quinhentos reais para dar para Jesus, por favor, levante a mão. Deixe para cima, vamos orar para abençoar o envelope no fim. Dois envelopes, pouco, mas sejam abençoados em nome de Jesus! Quem pode agora dar 250 reais esta noite? Não como dízimo, mas como sacrifício... Um, dois, três... sete! Quero ver mais empolgação aí, hein, igreja? Certo, agora quem pode dar cem reais? Irmãos, é só cem reais, quanto tempo vocês levam para obter essa quantia? Três dias de trabalho? Quanto sua mulher gastou no vestido? Ah, sim, agora sim, muito mais... Aleluia! Agora, irmãos, quem tem cinquenta reais. Só cinquenta reais. Uma refeição num restaurante caro. Deus abençoe vocês. Agora, sua última chance de receber um prêmio da prosperidade... dez reais! Olha que mixaria, dez reais! Agora eu quero ver todo o mundo! Dez reais! Isso! Aleluia! Que bênção!

A música de teclado, que parecia sempre a mesma de todas as outras igrejas, terminava o *show*.

– Aleluia! Vamos orar para encerrar este culto. Quero que venham aqui na frente os que querem aceitar Jesus como salvador de suas vidas. E também qualquer pessoa, da igreja ou não, que esteja precisando de oração.

Alguns crentes e, talvez, descrentes saíram timidamente de seus bancos.

– Oh, *saramarrai*, oh, *sirumarrai*... Deus está me revelando... que alguém aqui nesta igreja está com câncer. Por favor, venha aqui adiante para que eu possa orar por você.

Ninguém se levantou.

– Você, irmão, pode ficar onde está. Tem gente que tem vergonha. Agora Deus está me revelando que alguém aqui está com dor nas costas. Por favor, venha até a frente você que tem dor nas costas. Aleluia!

Cinco pessoas daquela igreja tinham dor nas costas. Em se tratando de duas mil pessoas, aparentemente, Jesus já havia feito milagre e curado a maioria, já que, por mera estimativa, deviam ser muito mais.

– Agora, Jesus está me revelando que uma moça aqui está sendo... tentada pelo namorado! Sim!

Alguém cutucou Laila a meu lado.

– Não riam, isso acontece. Não tenha vergonha, irmãzinha, venha aqui adiante... Ahn... Tudo bem, eu entendo. Pode ficar aí. Deus te alcança. Bem, eu repito, quem quer aceitar a Jesus hoje? Venha aqui também.

O pastor fez a oração geral e começou a atender pessoalmente os que queriam imposição de mãos, uma oração personalizada. Meu pai já havia combinado que ele iria orar por mim, e imagino que não tenha dito boas coisas.

O pastor me impôs as mãos sobre a testa e começou de forma ameaçadora:

– Senhor, este servo que se afastou, alcança-o, toca sua alma. Livrai-o, Senhor... Livrai-o do mal. Afasta de sua vida o demônio... Oh, *shimarrai*, liberta este servo...

E nessa hora ele empurrou minha testa para trás. Estava com as pernas firmes no chão, esperando por isso.

– Libertai, Senhor, alcançai sua vida, tocai esse coração. Porque, Senhor, sabemos que o Senhor tem um plano para ele, para cada um de nós. Oh, Senhor, afasta o mal desta vida! Protegei, Senhor! Libertaaai!...

Mais um empurrãozinho para ver se ajudava o Diabo a me fazer cair, mas eu me mantinha sólido.

– ... mesmo que não seja agora. O Senhor sabe a hora. Abençoai sua vida, em nome de Jesus. Amém.

Voltei-me triunfante para a família e constatei os olhares de decepção neles. Sem Demônio em mim. As coisas que eu dizia, era realmente eu quem pensava.

--

Minha família nunca deixou de fazer cultos em casa, e, por esses tempos, começou a aparecer por lá uma mulher com fama de profetisa. Apesar de ser da igreja do pastor Martinho, vestia-se como uma assembleiana de antigamente.

Profetizou a mulher que, se Laila não voltasse para a Igreja, Deus "levaria" o irmão dela, de doze anos.

Isso foi o golpe final na fé de Laila.

--

Depois de sermos expulsos de um parque e de um gramado por conduta despudorada, eu e Laila descobrimos o cinema. Cinema de arte, já que as seções eram totalmente vazias, e o ingresso, subsidiado, era baratinho. Durante um filme francês, não me lembro de qual, ajoelhei-me entre suas pernas, como num altar, baixei a sua calcinha e fiz sexo oral.

Éramos, então, só meio virgens. De tanto ouvir, "vão arranjar um quarto", um dia arranjamos. À tarde, num dos muitos hotéis de *estudante* do centro de Curitiba. Ficamos uma hora lá, mas ela não permitiu nada que a gente já não tivesse feito num gramado, no parque ou no cinema.

Lá fora, ficou me culpando por não ter insistido em forçar a situação. Talvez ela tivesse algo de sua mãe. Duas semanas depois, terminei com minha prima.

--

Poucos dias depois disso, Nadir alugou uma casa e se bandeou com a família para o outro lado da cidade. Em um mês, deixei de ser virgem com uma colega de faculdade, saindo de uma balada, bêbado, sem nenhum sentimento, apenas me livrando de um problema. Um tempo depois, conheci outra moça da faculdade, mais velha, e com ela as coisas começaram de verdade. Laila saiu da casa do pai, foi morar numa pensão, voltou comigo, deixou de ser virgem comigo. Não deu certo.

O ano de 1997 teve uma greve na faculdade, e eu assisti aulas só no primeiro semestre, tranquei o outro. Em 1998, fiz amigos que tenho ainda hoje.

Em 1999, fui ao dentista. Ele teve de trocar minha obturação milagrosa, aquela do dia do batismo no Espírito Santo.

– Tem algo diferente nessa obturação? Sei lá, outro metal?

– Outro metal?

– É... ouro, prata....

– De onde você tirou isso? É amálgama, e de má qualidade.

--

Em 2000, num fim de semana de janeiro, dois caminhões saíram da casa de meu pai. Um deles encostou na sexta-feira e levou embora metade dos móveis e eletrodomésticos. Ivone havia decidido se divorciar, mas não tinha avisado ninguém. Deixou apenas um bilhete e uma garrafa de uísque pela metade. Ninguém sabia que ela bebia.

Outro caminhão levava minha mudança. Meu pai e o tio Levi me ajudaram na mudança, subindo um guarda-roupa por seis andares.

– Por que você não desiste agora que a Ivone foi, Fábio?

– Não era nada com ela, nem com você. Eu só quero viver minha própria vida.

– Não vejo motivo, mas, enfim... O dinheiro é seu.

– Você me fez trabalhar cedo, né? Ser dono de mim.

– É... acho que foi assim mesmo.

– Não tenho nada contra você, pai. A gente não está brigando.

– Não?... Bem... boa sorte!

Fecharam a porta. Olhei as caixas, o colchão solitário e o guarda-roupa num canto, fazendo o espaço mínimo da quitinete parecer grande.

Tinha minha casa, era livre. Não dependia do meu pai. O que aconteceria dali por diante só diria respeito a mim.

Acabava o estágio embrionário, uma vida adulta era inaugurada. A vida que eu havia escolhido; mal podia esperar. Abri o uísque da Ivone, que havia carregado escondido, e pensei num brinde solitário.

O que eu comemorava não era o vazio, as coisas que não existem. Mas a fé, a fé em se tentar algo sem saber aonde aquilo pode levar, o que é a coragem.

Enfim, agora sou eu, e não mais o que dizem que sou. Não um cordeirinho de Jesus, não um menino-pastor, não um órfão em desgraça, não um animal perdido, não o idiota da classe, não um possuído.

Não mais um ímpio. Eu era do mundo.

COMO DEIXEI DE SER CRENTE Nº 6: leitura fria e leitura quente

Astrólogos, videntes, médiuns, ilusionistas e outros utilizam-se de dois processos para tornar mais prováveis suas previsões.

Um é chamado leitura quente e refere-se a coletar informações sem que o cliente saiba disso, por meio de entrevistas com amigos ou parentes ou mesmo questões elaboradas com o intuito de confundir o alvo.

Vamos supor que o pastor diga a alguém:

– Meu sobrinho é engenheiro civil.

O fiel se mostra empolgado:

– Ah, em qual empresa ele trabalha? Se ele precisar de uma indicação na minha empresa, eu posso encaixá-lo.

Apesar de o fiel nunca haver mencionado isso diretamente, ele acaba de dizer que é gerente numa empresa de construção. Um pastor está em constante contato com sua igreja, e, mesmo que seja completamente honesto, é parte de seu trabalho ouvir histórias, saber como vivem seus fiéis. Quando essas histórias ressurgem num contexto de fervor e oração, as pessoas podem se surpreender em como o pastor diz coisas que, aparentemente, não deveria saber.

Mais importante é a leitura fria. Consiste em imaginar fatos da vida de uma pessoa sem saber quase nada dela.

É adivinhar, mas precisa de método, porque nunca temos absolutamente zero informação sobre uma pessoa que acabamos de conhecer. O jeito de a pessoa se vestir e falar pode dizer muito a seu respeito. No exemplo acima, um mestre de obras não usa a mesma linguagem que um arquiteto. Conforme o jeito de se vestir, e talvez com informações de amigos e parentes, você pode fazer um chute calculado.

É claro que arrisca menos quem faz um chute mais genérico. Quando você sabe que alguém trabalha em construção, mas não exatamente se é arquiteto, mestre de obras, contador ou engenheiro, é mais seguro dizer algo como: "Vejo um grande prédio em sua vida".

O que não quer dizer que alguns não se arrisquem mais e partam logo para algo específico. Quando as pessoas têm uma teoria, tendem a preferir as informações que a confirmam e descartam as que a invalidam. Querer acreditar em astrólogos, cartomantes ou no profeta da igreja da esquina é ter essa vontade de confirmação. Assim, para quem quer acreditar, os erros dos videntes são ignorados, e os acertos, supervalorizados. Se um dia o pastor erra uma profissão, ninguém irá comentar. Mas acertar será uma grande notícia.

Ainda assim, mesmo que o pastor seja totalmente honesto, apenas um erro coloca em dúvida tudo o mais que ele disser. Afinal, será que Deus escolheria como canal de suas mensagens alguém que ora fala por si, ora se engana, dizendo que são profecias coisas que simplesmente vieram de sua cabeça? E, se isso acontece, em qual profecia é possível acreditar? Se Deus escolhe algumas pessoas como profetas, mas nem tudo o que dizem são profecias, então quem é que pode dizer qual profecia é verdadeira e qual é falsa? Quem diz que tudo o que está na Bíblia foi mesmo inspirado por Deus?

EPÍLOGO

Não eram falsas as lágrimas dos filhos no enterro do pastor Rubens. Seus filhos só não saberiam dizer se choravam pelo que ele foi ou pelo que não foi.

Naquele 24 de novembro de 2008, Curitiba havia amanhecido, como sempre, como que lavada durante a noite, a umidade eterna que fazia as ideias das pessoas estarem como que impregnadas por algas tóxicas.

Eu havia descido na rodoviária às seis horas, e usava um terno escuro. Isso me fazia sentir confortável: um terno sempre tem algo de armadura. "Você está elegante", ouço. Meu pai e todos os membros da família usavam roupas informais. Tia Célia chorou no meu ombro ao me cumprimentar. "Olha o que aconteceu com o papaizinho", disse indicando o caixão com os olhos.

Era um caixão caro, e o ex-pastor tinha uma expressão sofrida. A pele morta parecia feita de cera, os algodões no nariz pareciam estar lá desde quando era vivo. No último Natal, condenado por um câncer de próstata, havia se despedido de todos. Pediu desculpas por não ter sido um bom pai.

– Ele deixou a família de lado. Trocou a gente pela igreja, e foi sempre igreja, igreja, igreja. E olha agora, onde estão os crentes dele?

Meu pai deixava escapar a sinceridade, mas era só comigo.

– No fim, a gente só tem a si mesmo.

Amanheceu, e eu escapei para a rua atrás da igreja. Tomei um café expresso sem açúcar e acendi um cigarro. No ano anterior, meu pai havia me repassado a herança de minha mãe, valor que correspondia à metade de uma casa em Curitiba. Não era o suficiente para comprar nada em São Paulo e, para piorar, investi tudo em ações – em dezembro de 2007, no começo da crise. Naquele momento, vivia do dinheiro que não havia sido destruído pela queda do mercado. Isso não iria durar muito mais, e eu não conseguia ver qualquer futuro para mim – os trabalhos escassearam durante a crise, e comecei a pôr em questão seriamente minha capacidade como jornalista. Meu namoro de três anos estava naufragando.

Você acorda aos trinta anos, um dia mais velho que aos 29 anos e 364 dias. Damos importância ao número, mas isso é só uma consequência de termos dez dedos – se tivéssemos oito, a idade ruim seria múltiplo de oito, como 24 ou 32. Mas é a hora em que você se dá conta de que o seu tempo não é infinito. Você vai para onde todos vão.

Deixar de ser jovem é precisar ter um sentido para a vida. Quando você é jovem, e seu tempo parece ser infinito, descobrir coisas novas é suficiente. E o que faz as pessoas se cansarem de ver coisas novas não é ter conhecido todas elas, mas ter de decidir o que conhecer, porque o tempo não é infinito. O tédio não é ter se cansado de ver coisas novas, mas achar que está desperdiçando tempo com elas, que deveria estar fazendo alguma coisa útil, porque o tempo é limitado.

Morreremos, seremos esquecidos. A resposta da religião é brutalmente simples: a morte não existe, ou você reencarna ou vive eternamente. É uma negação infantil e, por isso mesmo, cômoda e facilmente aceita.

Mais de cem anos antes do começo dos fatos desta história, Friedrich Nietzsche disse que Deus estava morto. Pode parecer estranho, mas nada do que vimos aqui prova que ele estivesse errado.

Meu avô chegou a pregar a igreja de um Deus vivo, mas esse Deus não é vivo no sentido que os crentes apregoam, vivo porque faz milagres a baldadas. Deus é vivo porque, na Assembleia de Deus antiga, a vida não valia a pena, o mundo era um caminho de terror, uma ilusão que só servia de teste de admissão para a vida verdadeira, a aniquilação em Deus. Um Deus vivo, como na Idade Média, que definia o propósito da vida e estava tão imbuído em todas as coisas que era impossível imaginar o mundo sem Ele.

Mas ali, naquela igreja, ninguém realmente era guiado por esse anseio de morte. Todos queriam vencer no mundo, ter amigos, casa, emprego, dinheiro, saúde, amor. Viver uma vida feliz aqui e agora, um sonho materialista, ainda que repleto de mágica, simpatias, transes, milagres.

Voltei para a igreja, tia Olga e as primas Renata e Laila haviam acabado de chegar. Cada uma trazia uma criança pequena no colo, ambas eram mães solteiras. Nadir não veio, nem Selma. Selma, dizem-me, estava vivendo com outra moça em Porto Alegre, num casamento *gay*.

– Nadir teve o que mereceu.

Às dez da manhã, o carro fúnebre estava à porta. Tocava um hino triste, "Mais perto quero estar", o favorito do pastor morto.

A tampa foi posta sobre o caixão, e as tias choraram sem restrição. Em passos pesados, ele foi levado da igreja até o carro. Uma das alças era segurada por um fiel de uma igreja da qual ele foi pastor, o único que se apresentou.

Dezessete anos depois, seguíamos o mesmo caminho que fizemos no velório de minha mãe, até o cemitério que ficava escondido da vista pela mata, tentando parecer jardim, por uma estradinha perdida num canto do Parque Barigui.

Naquele dia, um sol dos desertos da Bíblia secava um pouco da vida na cara de cada um. A placa do sepulcro 1096B, arrancada e posta de lado, não do pastor ainda, mas o de minha mãe, uma memória distante, lacrada na mesma caixa de concreto aonde agora iria meu avô.

Um pastor, não da Assembleia, mas de uma comunidade, faz um rito sumário. Disse como a vida do pastor Rubens foi uma glória, inteiramente dedicada a serviço de Deus, com O qual ele se encontrava naquele momento, aleluia, amém. Abriram o caixão para uma última vista, e então mesmo os filhos mais amargurados deixaram cair dos olhos o que foi perdido.

Acaba de me ocorrer uma ideia nova. Despeço-me do pai de meu pai num cumprimento jovial, dando sinal de adeus com dois dedos na testa.

– Adeus, meu velho.

Meu avô morria como uma exceção entre as pessoas. Quantos podem dizer, hoje em dia, sem hesitação, que sua vida não foi em vão, que cumpriram plenamente o propósito que deram a ela?

Foi um mau pai, e levou a família à miséria por um tempo, isso é verdade. Esse foi o preço que ele e todos pagaram por ter seguido sua razão de viver. Muitas pessoas sacrificam a família pelo trabalho – às vezes para dar conforto à própria família. Não encontram realização, nem felicidade. Geralmente, tampouco a gratidão dos filhos.

Eu, há tempos, mais ou menos já sabia o que queria da vida, mas ainda assim me via desmoralizado, fracassado, quase desistindo. Percebi, então, que havia uma coisa que meu avô tinha a me ensinar: o pastor nunca teve um objetivo na vida. Teve um propósito, o que é muito diferente. "Fazer a obra de Deus" foi seu propósito, mas isso não continha nenhuma meta específica, como escrever um livro religioso de sucesso, converter dez mil pessoas, fazer uma igreja de três galerias, arrecadar vinte mil reais de dízimo. Meu avô não tinha nenhum método de avaliar seu sucesso. Nada que ele pudesse dizer: "Se acontecer assim, está bem; senão, eu fracassei". Bastava estar "fazendo a obra", seguindo seu objetivo, e isso fazia que sua vida e seu tempo nunca fosse um desperdício.

De certa forma, meu avô foi um herói de uma causa perdida. Como qualquer herói desse tipo de causa, provocou mais sofrimento que qualquer bem. Se este livro foi em grande parte para mostrar o quanto essa causa é um engano, não foi de maneira alguma para desonrar quem, de forma incorruptível, viveu por ela.

Talvez haja, entre quem leu estas linhas até aqui, alguém que, ainda preso à tradição, à família e ao medo do Inferno, ainda assim, não consegue evitar de notar que tem em si a semente da dúvida. A esse leitor, devo dizer que não vai encontrar felicidade na descrença.

O propósito de descrer é uma paixão pela verdade, não pelo conforto. Ser intelectualmente honesto não é defender aquilo em que se acredita, mas o que se enxerga. E isso não diz respeito apenas ao raciocínio científico mas também a se inspirar pela própria imaginação, e não a de pessoas que viviam no deserto, na Idade do Bronze.

O nome disso não é orgulho, é liberdade. Quantos têm a coragem de viver por ela?

Diretor editorial: Pascoal Soto
Editora: Tainã Bispo
Produção editorial: Fernanda Ohosaku

Preparação: Luiz Aguiar e Taís Gasparetti
Revisão de textos: Iraci Miyuki Kishi
Capa: FOU
Projeto gráfico e diagramação: A2

Dados internacionais de catalogação na publicação (CIP-Brasil)
Ficha catalográfica elaborada por Oficina Miríade, RJ, Brasil.

M387 Marton, Fábio
Ímpio : o evangelho de um ateu /
Fábio Marton. – São Paulo : Leya, 2011.
224 p.

ISBN 978-85-62936-31-9

1. Filosofia e religião. 2. Religiões. I. Título.

11-0097 CDD 101

2011

TEXTO EDITORES LTDA.
[Uma editora do grupo Leya]
Av. Angélica, 2163 – Conjunto 175
01227-200 – Santa Cecília – São Paulo – SP – Brasil
www.leya.com.br

Este livro foi composto
em Garamond e Helvetica Neue
para a Leya em abril de 2011.